आध्यात्मिक युद्ध और पुनर्प्राप्ति के 7 दिन

शत्रु को बांधना, तीरों को सात गुना वापस करना, और अपना भाग्य पुनः स्थापित करना

द्वारा

जकारियास गॉडसीगल ; राजदूत सोमवार ओ. ओग्बे ; आराम लाडी ओग्बे

Zacharias Godseagle; Ambassador Monday O. Ogbe; Comfort Ladi Ogbe

Table of Contents

कॉपीराइट पृष्ठ

आध्यात्मिक युद्ध और पुनर्प्राप्ति के 7 दिन

प्रकाशक:
ज़कारियास गॉडसीगल और गॉड्स ईगल मिनिस्ट्रीज़

लेखक:
ज़कारियास गॉडसीगल
कम्फर्ट लाडी ओगबे
राजदूत सोमवार ओ. ओगबे

यह पुस्तक ईसाई धर्म और प्रेरणा से प्रेरित है। यद्यपि सटीकता सुनिश्चित करने का हर संभव प्रयास किया गया है, फिर भी लेखक और प्रकाशक इसमें निहित जानकारी के दुरुपयोग के लिए कोई ज़िम्मेदारी नहीं लेते हैं।

अमेरिका के संयुक्त राज्य अमेरिका में छपी।

पुस्तक के बारे में - आध्यात्मिक युद्ध और पुनर्प्राप्ति के 7 दिन

आध्यात्मिक युद्ध और पुनर्प्राप्ति के 7 दिनः शत्रु को बांधना, बाणों को सात गुना वापस करना, और अपने भाग्य को पुनर्स्थापित करना एक साधारण भक्ति नहीं है - यह उन सभी के लिए एक दिव्य युद्ध मैनुअल है जो महसूस करते हैं कि उनके जीवन, भाग्य, स्वास्थ्य, वित्त या परिवार के साथ अंधेरे शक्तियों द्वारा छेड़छाड़ की गई है।

यह पुस्तक प्रार्थना की भूमि पर जन्मी है और युद्ध की भट्टी में गढ़ी गई है। इसे **उपवास, भविष्यसूचक घोषणाओं, लक्षित शास्त्रों और रणनीतिक प्रार्थनाओं के एक सात-दिवसीय गहन कार्यक्रम के रूप में तैयार किया गया है** ताकि शत्रु द्वारा चुराई गई, विकृत, विलंबित या विचलित की गई चीज़ों को पुनः प्राप्त किया जा सके।

प्रत्येक दिन में सम्मिलित हैं:

- **पश्चाताप और शुद्धिकरण शास्त्र** (स्वर्ग की अदालतों में आरोपों को शांत करने के लिए)।
- **युद्ध भजन और यशायाह के आदेश** (दुश्मन पर मुक्ति और न्याय के तीर छोड़ने के लिए)।

- **विस्फोटक प्रार्थना बिंदु** (अंधकार के कार्यों को बांधने, चोरी की गई महिमा को पुनः प्राप्त करने और जंजीरों को तोड़ने के लिए)।
- **दैनिक विजय घोषणाएँ** (विश्वास के साथ दिन को सील करना, तीरों को सात गुना पीछे भेजना और अपने सितारे को पुनः प्राप्त करना)।

इस 7 दिवसीय यात्रा के दौरान आप:

- अपनी प्रगति, भाग्य या परिवार को बंधक बनाए रखने वाली **बुरी जंजीरों को तोड़ें ।**
- अपने उत्थान का विरोध करने वाली **बुरी वेदियों और पैतृक वाचाओं को उलट दें ।**
- **अपने सितारे और खोई हुई महिमा को पुनः प्राप्त करें** जिसे मोड़ दिया गया है, उलट दिया गया है, या निगल लिया गया है।
- **तीरों को वापस प्रेषक के पास सात गुना लौटाएं** और लगातार दुश्मनों पर दिव्य प्रतिशोध स्थापित करें।
- उच्च प्रशंसा, धन्यवाद और परमेश्वर की आग के साथ **विजय में सील करें ।**

यह पुस्तक आपकी आत्मा को **स्वप्नों, दर्शनों और रहस्योद्घाटनों के लिए भी खोलती है** । युद्ध के दौरान कई बार , प्रभु असफलता, देरी या पिछड़ेपन के स्वप्नों में शत्रु के छिपे हुए हाथ को प्रकट करते हैं—लेकिन जैसे-जैसे आप दृढ़ रहते हैं, वे स्वप्न **विजय, सफलता और दिव्य मुक्ति के स्वप्नों में बदल जाते हैं** । ये रहस्योद्घाटन हार के संकेत नहीं हैं, बल्कि तब तक **केंद्रित घोषणाओं के लक्ष्य हैं** जब तक कि आपका पूर्ण उद्धार सुनिश्चित न हो जाए।

चाहे आप अपने भाग्य, अपने बच्चों, अपने स्वास्थ्य, अपने विवाह, अपने व्यवसाय या अपने बुलावे के लिए लड़ रहे हों, यह मैनुअल आपको **मसीह के अधिकार में खड़े होने** , आत्मा की तलवार चलाने और **आग से सब कुछ ठीक करने के लिए तैयार करेगा** ।

"क्या वीर से लूट छीनी जा सकती है, या अपराधी बंदी को छुड़ाया जा सकता है? परन्तु यहोवा यों कहता है... जो तुझ से झगड़ता है , उस से मैं आप झगड़ूँगा, और तेरे लड़के-बालों को बचाऊँगा।" - *यशायाह 49:24–26*

खुद को तैयार करो। यह कोई हल्की-फुल्की भक्ति नहीं है—यह **तुम्हारे सुधार और उत्थान के लिए युद्ध है** ।

बोनस घोषणा - हमने ट्रान्सेंडेंटल एस्ट्रल प्लेन से पुण्य पुनर्प्राप्ति के लिए 40 प्रार्थनाएँ शामिल की हैं।

पिछला कवर (पेपरबैक संस्करण)

आध्यात्मिक युद्ध और पुनर्प्राप्ति के 7 दिन जंजीरों को तोड़ने, दुश्मन को चुप कराने और अपनी चोरी हुई महिमा को पुनः प्राप्त करने के लिए आपकी दिव्य मैनुअल है।

क्या आप असफलताओं, भटकावों और अंधकार के तीरों से थक चुके हैं? क्या आपको लगता है कि आपके भाग्य के साथ छेड़छाड़ की गई है—आपके स्वास्थ्य, विवाह, आर्थिक स्थिति या करियर को भटकाया, बिगाड़ा या निगला गया है? तो यह किताब आपके लिए है।

अंदर आपको मिलेगा:

- **विस्फोटक दैनिक युद्ध प्रार्थनाएँ** (प्रतिदिन 40 अग्नि-युक्त प्रार्थनाएँ)
- पुनर्प्राप्ति और प्रतिशोध के लिए **रणनीतिक भजन और भविष्यसूचक शास्त्र**
- **विजय की घोषणाएँ** , तीरों को सात गुना पीछे भेजने और अपने उद्धार पर मुहर लगाने के लिए
- अपनी प्रार्थनाओं को अग्नि से तीव्र करने के लिए **दैनिक उपवास मार्गदर्शिका**
- जवाबी हमलों को रोकने और स्थायी विजय स्थापित करने के लिए **समापन सीलिंग प्रार्थनाएँ**

यह 7-दिवसीय कार्यक्रम आपके उदय के साथ संघर्ष करने वाली हर शक्ति का सामना करने, बुरी वेदियों को उखाड़ फेंकने और दिव्य न्याय को लागू करने के लिए बनाया गया है:
"हे यहोवा, जो मेरे विरुद्ध झगड़ते हैं, उनसे झगड़; जो मेरे विरुद्ध लड़ते हैं, उनसे युद्ध कर।" – भजन संहिता 35:1
आपका सितारा फिर से चमकेगा। आपका भाग्य फिर से चमकेगा। और आपके जीवन से जुड़ी हर चोरी हुई भविष्यवाणी **आग से बरामद हो जाएगी!**

इस 7-दिवसीय आध्यात्मिक युद्ध और पुनर्प्राप्ति मैनुअल का उपयोग कैसे करें

यह मैनुअल 7 **दिनों के गहन आध्यात्मिक युद्ध और** जल उपवास के दौरान स्वास्थ्य लाभ हेतु प्रार्थनाओं के लिए तैयार किया गया है।

- प्रत्येक दिन में एक **प्रारंभिक आह्वान प्रार्थना** , **थीम शास्त्र** , **भजन पाठ क्रम** , **इनलाइन शास्त्रों के साथ 40 बोल्ड युद्ध प्रार्थनाएं** , **दैनिक विजय घोषणा** , **मध्यरात्रि भविष्यवाणी कार्रवाई** और **प्रार्थना नोट्स** अनुभाग होता है।
- अधिकतम प्रभाव के लिए आप प्रत्येक दिन **सुबह, दोपहर और मध्य रात्रि में** प्रार्थना करेंगे ।
- सभी श्राप, तीर, मंत्र और शैतानी कार्य पवित्र आत्मा की अग्नि द्वारा **बंध जाएंगे, उलट दिए जाएंगे, और उनके भेजने वालों को सात गुना करके वापस कर दिए जाएंगे ।**
- ध्यान **आपके चुराए गए आध्यात्मिक गौरव, सितारे और भविष्यवाणी को पुनः प्राप्त करने पर है** , जिन्हें हटा दिया गया है, नष्ट कर दिया गया है, तोड़-फोड़ की गई है, या नष्ट कर दिया गया है।

निर्देश:

1. प्रत्येक दिन की प्रार्थना सुबह जल्दी शुरू करें, दोपहर में दोहराएं, और **मध्यरात्रि की भविष्यवाणी के साथ समाप्त करें** ।
2. जब तक अन्यथा न कहा जाए, सुबह 6:00 बजे से शाम 6:00 बजे तक **केवल जल पर उपवास** रखें ।
3. इस युद्ध में वचन को ज़ोर से स्वीकार करें; प्रार्थना मौन ध्यान नहीं है।
4. नीतिवचन 6:31 के अनुसार, आपके विरुद्ध भेजे गए प्रत्येक तीर, शाप या बुरे शब्द का **सात गुना उत्तर दीजिए।**
5. 40 युद्ध प्रार्थनाएं शुरू करने से पहले प्रत्येक दिन दिए गए **सटीक क्रम में भजन** पढ़ें ।
6. प्रत्येक दिन का अंत धन्यवाद के साथ करें, विजय को प्रत्यक्ष रूप से देखने से पहले उसके लिए परमेश्वर की स्तुति करें।

उपवास और प्रार्थना प्रोटोकॉल

- **सुबह:**
    1. सच्चे मन से पश्चाताप करें (भजन 51)।
    2. दिन के विषय-वचन पढ़ें।
    3. सूचीबद्ध भजनों को क्रम से पढ़ें।
    4. **40 युद्ध प्रार्थनाएं** करें ।
    5. **दैनिक विजय घोषणा के** साथ मुहर लगाएं ।

- **दोपहर:**
    1. विषय-वस्तु के वचनों को दोहराएँ।
    2. युद्ध के कम से कम 10 बिंदुओं पर प्रार्थना करें।
    3. व्यक्तिगत आदेश बनाओ.
- **रात्रि (मध्यरात्रि की भविष्यसूचक कार्रवाई):**
    1. दिन की भविष्यवाणी के निर्देशों का पालन करें।
    2. तीर और शाप सात गुना वापस करो।
    3. शत्रु को बांधो और विजय की घोषणा करो।

स्टार और महिमा की पुनर्प्राप्ति के लिए शास्त्रीय आधार

1. **भजन संहिता 143:12** – "और अपनी करुणा से मेरे शत्रुओं को नाश कर डाल, और मेरे प्राणों को दु:ख देने वालों को नाश कर डाल; क्योंकि मैं तेरा दास हूँ।"
2. **भजन संहिता 35:1** – "हे यहोवा, जो मेरे विरुद्ध झगड़ते हैं, उनसे झगड़; जो मेरे विरुद्ध लड़ते हैं, उनसे युद्ध कर।"
3. **यशायाह 60:1** – "उठ, प्रकाशमान हो; क्योंकि तेरा प्रकाश आ गया है, और यहोवा का तेज तेरे ऊपर उदय हुआ है।"
4. **यशायाह 54:17** – "तेरी हानि के लिये बनाया गया कोई भी हथियार सफल न होगा..."
5. **भजन संहिता 7:9, 14–17** – "दुष्टों की दुष्टता का अन्त हो जाए..."

6. **विलापगीत 3:34–36** – "…किसी मनुष्य के मुकद्दमे में उसे पराजित करना, यहोवा को अच्छा नहीं लगता ।"
7. **निर्गमन 14:14** – "यहोवा तुम्हारे लिये लड़ेगा; तुम केवल चुपचाप रहो।"
8. **व्यवस्थाविवरण 32:35** – "बदला लेना मेरा काम है, मैं ही बदला चुकाऊँगा।"

समर्पण

यह पुस्तक **सर्वशक्तिमान ईश्वर की महिमा को समर्पित है** , जो अपने बच्चों के लिए लड़ता है और जो कुछ खो गया है उसे पुनः स्थापित करता है।

प्रत्येक विश्वासी के लिए जो जीवन की लड़ाई में घायल हो गया है, जिसने अपने सितारे को मंद होते, अपने भाग्य को बदलते या अपनी महिमा को चोरी होते देखा है - ये प्रार्थनाएं आपकी विजय और स्वास्थ्य लाभ का हथियार बनें।

हमारे परिवारों के लिए, जिनका अटूट प्रेम और प्रार्थनाएं विश्वास की अग्नि को प्रज्वलित रखती हैं।

और राष्ट्रों के पार मसीह के शरीर के लिए, मध्यस्थों की एक शक्तिशाली सेना के रूप में उभर रहा है - आप उज्जवल चमकें, तेजी से ठीक हो जाएं, और दिव्य प्रभुत्व में चलें।

स्वीकृतियाँ

प्रभु यीशु मसीह , प्रभु की सेनाओं के कप्तान को सारी प्रशंसा और सम्मान देते हैं , जिनकी आत्मा ने इस कार्य को प्रेरित किया और जिनका वचन हमारी विजय की तलवार बना हुआ है।

हमारा हार्दिक आभार निम्नलिखित के प्रति है:

- **के मध्यस्थ और प्रार्थना योद्धा** जो निरंतर खड़े रहते हैं और अंधकार की शक्तियों के आगे झुकने से इनकार करते हैं। आपकी प्रार्थनाएँ वह अदृश्य अग्नि हैं जो ऐसी पुस्तकों को शक्ति प्रदान करती हैं।
- **हमारे परिवारों और प्रियजनों को** - उनके धैर्य, प्रोत्साहन और विश्वास के लिए। आप ऐसे स्तंभ हैं जो हमें संघर्षों के दौरान स्थिर रखते हैं।
- **हमारे मंत्रालय के साझेदारों और** गॉड्स ईगल मिनिस्ट्रीज के समर्थकों को - दर्शन में विश्वास करने, प्रार्थना के बीज बोने और राज्य को आगे बढ़ाने में हमारे साथ खड़े होने के लिए।
- **दुनिया भर में मसीह की देह** के लिए — सत्य के प्रति आपकी भूख और ईश्वर की शक्ति की खोज के लिए। आप ही हैं जिनके कारण ये शब्द लिखे गए, ताकि हम मिलकर वह सब वापस पा सकें जो शत्रु ने चुराया है।

अंत में, हम इस पुस्तक के प्रत्येक पाठक का आभार व्यक्त करते हैं। आप केवल पढ़ नहीं रहे हैं; आप आध्यात्मिक योद्धाओं के एक आंदोलन में शामिल हो रहे हैं। आपकी गवाही पृथ्वी के कोने-कोने तक गूँजती रहे।

प्रस्तावना

हम ऐसे समय में जी रहे हैं जहाँ नियति खतरे में है। कई लोगों ने चुराए गए अवसरों, भटके हुए सितारों, विफल भविष्यवाणियों और विलंबित सफलताओं का दंश झेला है। फिर भी परमेश्वर का वचन इसे स्पष्ट करता है: *"यहोवा योद्धा है; उसका नाम यहोवा है।"* (निर्गमन 15:3)।

आपके हाथों में एक हथियार के रूप में जन्मी है —उपवास, पश्चाताप, युद्ध और पुनर्प्राप्ति की सात दिनों की यात्रा। यह कोई सिद्धांत नहीं है; यह भजन संहिता, यशायाह और परमेश्वर के वादों में निहित **युद्ध-परीक्षित रणनीति है** । प्रत्येक दिन आपको पश्चाताप, आराधना, युद्ध और भविष्यवाणियों की घोषणाओं में मार्गदर्शन करेगा जो शत्रु की योजनाओं को ध्वस्त कर देंगी और जो आपका है उसे वापस दिलाएँगी।

प्रतिरोध की अपेक्षा करें, क्योंकि कोई भी चोर बिना लड़े अपनी चोरी की हुई चीज़ नहीं छोड़ता। स्वप्नों, दर्शनों और रहस्योद्घाटनों की अपेक्षा करें जो यह उजागर करें कि शत्रु ने कहाँ प्रहार किया है

और आपको प्रार्थना में कहाँ और अधिक प्रयास करना चाहिए। उनसे डरें नहीं। इसके बजाय, उन रहस्योद्घाटनों को अपनी प्रार्थना के तीरों का मार्गदर्शन करने दें, क्योंकि उजागर की गई प्रत्येक कमज़ोरी विजय की वेदी बन जाती है।

इन सात दिनों में चलते हुए, इस सच्चाई को याद रखें: *"तुम्हारे विरुद्ध बनाया गया कोई भी हथियार सफल नहीं होगा।"* (यशायाह 54:17)। ज़ंजीरें टूट जाएँगी। चुराया हुआ तारा वापस मिल जाएगा। उलटी भविष्यवाणी फिर से सही हो जाएगी। श्राप सात गुना होकर अपने भेजने वालों के पास लौट जाएँगे। और तुम्हारा भाग्य फिर से चमकेगा, पहले से भी ज़्यादा।

यह आपके लड़ने का समय है। यह आपके संभलने का समय है। यह आपके उठ खड़े होने का समय है।

प्रस्तावना – प्रिय पाठक, युद्ध और पुनर्प्राप्ति के लिए तैयार रहें

ईश्वर की प्रिय संतान, आप
अग्नि, उपवास और स्वास्थ्य लाभ की सात दिवसीय यात्रा पर निकलने वाले हैं । यह कोई साधारण भक्ति नहीं है; यह एक **युद्ध-निर्देशिका है** , एक आध्यात्मिक युद्ध योजना है जो उन नियति, नक्षत्रों और सद्गुणों की पुनर्स्थापना के लिए है जिन्हें चुरा लिया गया है, हटा दिया गया है, विलंबित कर दिया गया है या दफना दिया गया है।

हर दिन, हज़ारों लोग अपनी आत्मा में कुछ अनमोल खो देते हैं: कुछ लोग स्वास्थ्य खो देते हैं, कुछ लोग धन-संपत्ति खो देते हैं, कुछ लोग विवाह खो देते हैं, कुछ लोग सेवकाई खो देते हैं, कुछ लोग मुकुट खो देते हैं। शैतान न केवल **प्रलोभन देने आता है,** बल्कि **भाग्य का व्यापार भी करता है** , महिमा के बदले अपमान, खुशी के बदले दुःख, और मनुष्यों के सितारों को जादू-टोने के अँधेरे गोदामों में ले जाता है।

लेकिन अच्छी खबर यह है कि **आप सब कुछ वापस पा सकते हैं।**

आपका सामना किससे होगा

इस सात दिवसीय यात्रा के दौरान निम्नलिखित की अपेक्षा करें:

- **रहस्योद्घाटन और सपने:** हो सकता है कि आपको सपनों में वही क्षेत्र दिखाई देने लगें जहाँ दुश्मन ने आपको निशाना बनाया है। डरो मत! असफलता का सपना हार नहीं; बल्कि रहस्योद्घाटन है। परमेश्वर दुश्मन के मंसूबे का पर्दाफ़ाश कर रहा है। जब तक आपको विजय न मिल जाए, तब तक उन मुद्दों पर प्रार्थना में और देर तक लगे रहो।
- **जंजीरें टूटना:** छुटकारे की उम्मीद करें। परमेश्वर के वचन और आपकी लगातार घोषणाओं की अग्नि में सीमाओं, देरी, अस्वीकृति और शर्म के बंधन टूट जाएँगे।
- **दुश्मन की ओर से जवाबी हमले:** हाँ, जवाबी हमले हो सकते हैं। लेकिन डरें नहीं। हर दिन **विजय की घोषणाओं के साथ समाप्त होता है** जो न केवल दुश्मन को बाँधती हैं, बल्कि हर बुरे तीर को भेजने वालों को सात गुना वापस भी लौटाती हैं। आप निहत्थे नहीं हैं - आप आत्मा की तलवार से लैस हैं।
- **दिव्य आदान-प्रदान:** जो चुराया गया था वह वापस आएगा। जो दफ़न हो गया था वह फिर से जीवित होगा। जो रुका हुआ था वह गति पकड़ेगा। जो भटक गया था वह फिर से व्यवस्थित होगा। इस यात्रा के अंत तक, आपका सितारा, आपका भाग्य और आपकी महिमा पहले से कहीं ज़्यादा चमकेगी।

इस यात्रा में आपकी भूमिका

1. **विश्वास के साथ उपवास:** यह कार्यक्रम जल उपवास पर आधारित है। अगर आपकी सेहत इसकी इजाज़त नहीं देती, तो समझदारी से इसे अपनाएँ—लेकिन प्रार्थनाओं को नज़रअंदाज़ न करें।
2. **आक्रामकता से प्रार्थना करें:** ये फुसफुसाती प्रार्थनाएँ नहीं हैं। ये तीर हैं। इन्हें ज़ोर-ज़ोर से प्रार्थना करें, मानो आपका जीवन इन पर निर्भर हो - क्योंकि आपका भाग्य इन पर निर्भर है।
3. **रोज़ाना सही शब्द बोलें:** आप जो कहते हैं, वही आपकी सच्चाई बन जाता है। असफलता, भय या निराशा की बात दोहराने से बचें । इसके बजाय, जीवन, सुधार और प्रभुत्व की घोषणा करें।
4. **भजनों का प्रयोग करें:** हर दिन युद्ध, पश्चाताप, आराधना और धन्यवाद के लिए विशेष भजन आते हैं। इन्हें तीन बार ज़ोर से पढ़ें, मानो अंधकार की छावनी के विरुद्ध प्रकाश के तीर हों।
5. **लिखें और गवाही दें:** परमेश्वर द्वारा आपको दिए गए रहस्योद्घाटन, सफलताओं और विजयों को लिखें। इस यात्रा के अंत में, आपके पास एक ऐसी गवाही होगी जो राज्यों को हिला देगी।

शुरू करने से पहले अंतिम शब्द

यह युद्ध तुम्हारा नहीं है - यह प्रभु का है। लेकिन तुम्हें **युद्धभूमि में खड़ा होना होगा** । तुम्हें अपना मुँह खोलना होगा। तुम्हें प्रार्थना,

स्तुति और घोषणा के बाण चलाने होंगे। और जैसे ही तुम ऐसा करोगे, स्वर्ग तुम्हारे उद्धार के लिए उठ खड़ा होगा।

तैयार हो जाओ, प्यारे।
किस्मत के चोर झुकेंगे। तुम्हारा चुराया हुआ सितारा लौट आएगा।
तुम्हारा ताज फिर से चमकेगा। तुम्हारी आवाज़ गवाही में उठेगी।

अब, पृष्ठ पलटें - और सुधार शुरू करें।

परिचय — भाग्य परिवर्तन की सात सच्ची कहानियाँ

1. वह संगीतकार जिसकी आवाज़ खामोश कर दी गई

एक प्रतिभाशाली सुसमाचार संगीतकार ने अचानक रातोंरात अपनी आवाज़ खो दी। उसे पता ही नहीं था कि उसके एक ईर्ष्यालु प्रतिद्वंद्वी ने आध्यात्मिक रूप से उसकी स्वर-कृपा को स्थानांतरित कर दिया था। प्रतिद्वंद्वी ने असाधारण अभिषेक के साथ गाना शुरू कर दिया—वही शक्ति जो कभी उस पर निर्भर थी। महीनों तक,

संगीतकार चुप रहा, उसकी सेवा का मज़ाक उड़ाया गया। लेकिन युद्धकालीन प्रार्थनाओं, उपवास और भजन संहिता के माध्यम से, उसकी आवाज़ वापस आ गई। जब उसने फिर से अपना मुँह खोला, तो उसमें दोहरा अभिषेक था—उसकी चुराई हुई कृपा और स्वर्ग से ताज़ा आग। उसकी संगीत सेवा विश्वव्यापी रूप से फैल गई।

2. व्यवसायी का लुप्त होता भाग्य

एक सफल व्यवसायी ने अपनी फलती-फूलती कंपनी को रहस्यमय तरीके से ढहते देखा। न कोई धोखाधड़ी, न कोई कुप्रबंधन, फिर भी उसके खाते खाली हो गए। आध्यात्मिक रूप से, उसकी आर्थिक स्थिति बदल गई थी। उसकी संपत्ति अदृश्य शक्तियों द्वारा "खा" ली गई थी। हताश होकर, उसने सात दिनों तक हिंसक प्रार्थनाएँ और उपवास किए। उसी हफ़्ते, उसके प्रतिद्वंद्वी का अवैध साम्राज्य रातोंरात ढह गया, जबकि उसके लिए आपूर्ति के अलौकिक द्वार फिर से खुल गए। उसकी संपत्ति सात गुना बढ़ गई।

3. एक युवा भविष्यवक्ता का सितारा

एक युवा भविष्यवक्ता, जो कभी दर्शनों में तीक्ष्ण और स्वप्नों में सटीक था, अचानक विवरणों को समझने में चूकने लगा। उसकी भविष्यवाणी की कृपा समाप्त हो रही थी। परमेश्वर ने प्रकट किया कि सेवकाई में कार्यरत एक प्राचीन ने दुष्टात्माओं के आदान-प्रदान के माध्यम से उसके तारे को पकड़कर उसकी दिशा बदल दी है।

युवा भविष्यवक्ता उपवास करने लगा और उसने सुधार और न्याय के भजन गाए। सात दिनों के बाद, उसकी भविष्यवाणी की अग्नि और भी अधिक सटीकता से पुनः स्थापित हो गई, और जिस प्राचीन ने उसे चुराया था, उसने सार्वजनिक रूप से स्वीकारोक्ति की और क्षमा की याचना की।

4. राजनेता की अचानक अस्वीकृति

एक उभरते हुए राजनीतिक नेता को जनता का प्यार मिल रहा था और वह जीत की ओर बढ़ रहा था। चुनाव से दो हफ़्ते पहले, उसके खेमे में एक अजीब सी नफ़रत फैल गई और उसके सहयोगी उसके ख़िलाफ़ हो गए। मध्यस्थता के ज़रिए पता चला कि उसके भाग्य का मुकुट जादू-टोने के जाल में फँस गया है। उसने भजन 35 और यशायाह 54 का हवाला देते हुए युद्ध की प्रार्थनाएँ शुरू कर दीं। मुकुट को आग से वापस लौटा दिया गया और वह भारी मतों से चुनाव जीत गया।

5. चोरी हुए गर्भ वाली महिला

एक विवाहित महिला वर्षों तक बांझपन का सामना करती रही, जबकि चिकित्सा पुष्टि के बावजूद कि कुछ भी ठीक नहीं है। एक भविष्यसूचक मुलाकात में, यह पता चला कि उसका गर्भ आत्मिक लोक की एक अन्य महिला ने "उधार" लिया था। उसने लक्षित युद्ध में भाग लिया और चुराए गए सभी पुण्य वापस कर दिए। कुछ ही

महीनों में, उसने अलौकिक रूप से गर्भधारण किया और एक स्वस्थ बच्चे को जन्म दिया।

6. चुराई हुई प्रतिभा वाला छात्र

एक प्रतिभाशाली छात्र, जो हमेशा अपनी कक्षा में अव्वल आता था, अचानक बुरी तरह असफल होने लगा। उसके माता-पिता ने देखा कि उसकी बुद्धि रहस्यमय तरीके से क्षीण हो गई है, जबकि उसका एक अन्य सहपाठी असाधारण प्रतिभा के साथ आगे बढ़ने लगा। आध्यात्मिक खोजबीन से पता चला कि उस लड़के का शैक्षणिक सितारा बदल गया था। पारिवारिक उपवास और युद्ध घोषणाओं के माध्यम से, उसकी प्रतिभा पुनः बहाल हो गई। उसने न केवल अपनी परीक्षाएँ उत्तीर्ण कीं, बल्कि विदेश में छात्रवृत्ति भी प्राप्त की।

7. पादरी का मंत्रालय अपहृत

एक युवा पादरी का चर्च तेज़ी से बढ़ रहा था, तभी अचानक बड़ी संख्या में सदस्य चर्च छोड़ने लगे। उसे पता ही नहीं था कि उसी शहर के एक और पादरी ने आध्यात्मिक रूप से अपने चर्च के सितारे और मुकुट को बदल दिया था। उसने सात दिनों का जल उपवास शुरू किया और सुधार और न्याय के भजन गाए। आखिरी दिन, अचानक एक जागृति आई और सदस्य लौटने लगे, और उन सपनों की गवाही देने लगे जिनमें उन्होंने स्वर्गदूतों को उन्हें वापस भेजते देखा था। उसके चर्च की संख्या बढ़ती गई, जबकि अपहरणकर्ता का चर्च ढह गया।

परिचय का समापन

प्रियो, ये कोई परीकथाएँ नहीं हैं, बल्कि **भाग्य परिवर्तन, नक्षत्र परिवर्तन और महिमा विनिमय की सच्ची अभिव्यक्तियाँ हैं।** शैतान और उसके एजेंट भाग्य चुराने, भटकाने, उलटने और उसे निगलने में माहिर हैं—लेकिन लक्षित, हिंसक, शास्त्र-समर्थित प्रार्थनाओं के माध्यम से, आप सब कुछ पुनः प्राप्त कर लेंगे।

यह किताब सिर्फ़ पढ़ने के लिए नहीं है। यह एक **युद्ध-निर्देशिका है।** हर दिन एक हथियार है। हर प्रार्थना एक तीर है। जैसे-जैसे आप उपवास, घोषणाओं और युद्ध के भजनों के साथ इन सात दिनों में आगे बढ़ेंगे, आपका चुराया हुआ सितारा, भाग्य और गौरव यीशु के नाम में अग्नि द्वारा पुनः प्राप्त हो जाएगा।

शत्रु को बांधना और बाणों को सात गुना वापस करना

हम दुश्मन को क्यों बाँधते हैं?

बाइबल स्पष्ट है: अंधकार के कामों पर हमारा अधिकार है। बाँधना कोई सुझाव नहीं है; यह परमेश्वर के कार्य को आगे बढ़ाते हुए शत्रु को रोकने, पंगु बनाने और शक्तिहीन बनाने की एक राज्य रणनीति है।

मत्ती 18:18 – "मैं तुम से सच कहता हूँ कि जो कुछ तुम पृथ्वी पर बाँधोगे, वह स्वर्ग में भी बंधेगा; और जो कुछ तुम पृथ्वी पर खोलोगे, वह स्वर्ग में भी खुलेगा।"

जब आप शत्रु को बांधते हैं:

- आप अपने जीवन, परिवार और भाग्य के विरुद्ध उनके कार्यों को रोकते हैं।
- आप उनके नेटवर्क को ध्वस्त कर देते हैं और उनकी योजनाओं को बिखेर देते हैं।
- आप उनकी गतिविधियों को प्रतिबंधित करते हैं और उनके प्रभाव को समाप्त करते हैं।

हम भेजने वाले को सात गुना तीर क्यों लौटाते हैं?

दुष्ट तीर अदृश्य आध्यात्मिक हमले हैं जो किसी व्यक्ति के भाग्य को नुकसान पहुँचाने, विलंबित करने या नष्ट करने के लिए भेजे जाते हैं। परमेश्वर का वचन हमें उन्हें वापस भेजने का कानूनी अधिकार देता है।

भजन संहिता 7:15–16 – "उसने गड्ढा खोदा और उसी खाई में जो उसने खोदी थी, गिर पड़ा। उसकी बुराई उसके ही सिर पर पड़ेगी, और उसका उपद्रव उसके ही सिर पर पड़ेगा।"

सात गुना रिटर्न निम्न से प्राप्त होता है:

नीतिवचन 6:30–31 – "...यदि वह मिल जाए, तो उसे सातगुणा भर देना पड़ेगा; उसे अपने घर की सारी सम्पत्ति देनी पड़ेगी।"

यह ईश्वरीय न्याय है—शत्रु को उससे कहीं अधिक प्रतिफल देने के लिए बाध्य करना जो उसने चुराया था। जब आप बाणों को सात गुना करके लौटाते हैं, तो आप:

- वर्तमान हमले को निरस्त करें.
- भविष्य के हमलों के लांचिंग पैड को नष्ट करें।
- चोरी हुए आशीर्वाद को कई गुना मात्रा में पुनः प्राप्त करें।

बाइंडिंग और एरो रिटर्न युद्ध में उपयोग किए जाने वाले शास्त्र

- **भजन 35:1** – “हे यहोवा, जो मुझसे झगड़ते हैं, उनसे झगड़…”
- **यशायाह 54:17** – “तेरे विरुद्ध बनाया गया कोई भी हथियार सफल नहीं होगा…”
- **व्यवस्थाविवरण 32:35** – “बदला लेना मेरा काम है; मैं ही बदला चुकाऊँगा…”
- **भजन संहिता 143:12** – “और अपनी दया से मेरे शत्रुओं को काट डालो…”
- **विलापगीत 3:34–36** – “…किसी मनुष्य के मुकद्दमे में उसे पराजित करना, यहोवा को अच्छा नहीं लगता ।”
- **भजन संहिता 7:9, 14–17** – “दुष्टों की दुष्टता का अन्त हो जाए…”

प्रार्थना में इसे कैसे लागू करें

1. तीर या अभिशाप (बीमारी, देरी, शर्म, हानि, आदि) की **पहचान करें ।**
2. इसके पीछे की आत्मा को नाम से **बांधें (जादू टोना, समुद्री आत्मा, देरी की आत्मा, आदि)।**
3. यीशु के नाम पर, इसे सात गुना करके भेजने वाले के पास वापस भेजने की **आज्ञा दें ।**

4. **यह आदेश दो** कि शत्रु अपनी बुराई स्वयं निगल जाए, जबकि तुम उससे भी अधिक मात्रा में उबर जाओ।
5. धन्यवाद और पवित्रशास्त्र के साथ **मुहर लगाओ ।**

युद्ध प्रार्थना में हम भजनों का बार-बार पाठ क्यों करते हैं?

जब हम भजन संहिता का कई बार पाठ करते हैं, तो यह व्यर्थ दोहराव नहीं होता — यह **आध्यात्मिक गहराई में प्रवेश होता है** । दोहराव परमेश्वर के वचन को चेतन मन से परे **अवचेतन क्षेत्र में ले जाता है** , जो मानव आत्मा का निवास है। इस स्तर पर प्रार्थना अब मानसिक सहमति या भावनात्मक कथन नहीं रह जाती; यह **आत्मा से आत्मा का संवाद बन जाती है** ।

यीशु ने कहा, *"परमेश्वर आत्मा है, और अवश्य है कि उसकी आराधना करनेवाले आत्मा और सच्चाई से आराधना करें"* (यूहन्ना 4:24)। परमेश्वर आत्मा को देखता है, भावनाओं, तर्कों या खोखले शब्दों के सांसारिक दायरे को नहीं। सच्ची प्रार्थनाएँ—आत्मा की गहराई से कहे गए शब्द—ही **वातावरण को बदल देते हैं, द्वार खोलते हैं और शत्रु को कुचल देते हैं** ।

1. मानसिक से आध्यात्मिक अधिकार तक

जब आप एक बार भजन पढ़ते हैं, तो आपका मन उसे सुनता है। जब आप उसे तीन, सात, या नौ बार अग्नि के साथ उच्चारण करते हैं, तो आपकी **आत्मा में आग लग जाती है** । उस क्षण, प्रार्थना केवल

शब्द नहीं रह जाती; वह पवित्र आत्मा के हाथों में एक **हथियारबंद आदेश बन जाती है।**

2. वचन को वैयक्तिकृत करना

भजन संहिता स्वाभाविक रूप से भविष्यसूचक हैं। इन्हें निष्क्रिय रूप से पढ़ने के लिए नहीं, बल्कि **सक्रिय रूप से घोषित करने के लिए बनाया गया है** । हर *"करेगा", "हो सकता है", "होगा"* को हटाकर **वर्तमान काल की घोषणाओं से प्रतिस्थापित किया गया है** । उदाहरण के लिए:

- नहीं: *"वह मुझे अपने पंखों से ढक लेगा"*
- परन्तु: *"यीशु मसीह के नाम के अधिकार से, सनातन वाचा के लहू के द्वारा, वह मुझे अभी अपने पंखों से ढँक लेता है। मैं उसके गुप्त स्थान में निवास करता हूँ, मैं उसकी छाया में रहता हूँ।"*

विश्वास, अग्नि और तात्कालिकता की भाषा है ।

3. वाचा का आह्वान

प्रत्येक भजन **यीशु के लहू की वाचा और उसके नाम के अधिकार के अधीन पढ़ा और प्रार्थना किया जाता है** । यह इसे कविता से आदेश में, ध्यान से **आध्यात्मिक क्षेत्र में विधान में बदल देता है** । जब आप कहते हैं, *"यीशु के लहू से, मैं विजयी होता हूँ,"* *तो* आप शत्रु के विरुद्ध स्वर्ग के सर्वोच्च वैधानिक निर्णय का आह्वान कर रहे होते हैं।

4. हन्ना का उदाहरण

हन्ना की तरह, जिसके होंठ तो हिलते थे, लेकिन जिसका हृदय परमेश्वर के सामने गरजता था, युद्ध की प्रार्थनाएँ भी एक **थकी हुई, लाल-गर्म आत्मा से आनी चाहिए** । आधे-अधूरे मन से की गई प्रार्थनाएँ पहाड़ों को नहीं हिला सकतीं। लेकिन जब आप पूरे मन से, पूरी लगन और अधिकार के साथ भजन गाते हैं, तो भले ही लोग आपको "नशे में" समझें, स्वर्ग सुनता है और चमत्कार होते हैं।

5. भजन संहिता की भविष्यसूचक प्रकृति

भजन संहिता में एक अद्वितीय भविष्यसूचक आवरण है। ये एक साथ प्रार्थनाएँ, गीत और आदेश हैं। इन्हें बार-बार दोहराने से ये **अग्नि बाण, आत्मा की तलवारें और** अदृश्य लोक में न्याय की ज़ंजीरें बन जाते हैं। जैसा लिखा है, *"परमेश्वर का पुत्र इसी उद्देश्य से प्रकट हुआ कि वह शैतान के कामों को नाश करे"* (1 यूहन्ना 3:8)।

व्यवहार में:

- **भजन 91** एक ढाल बन जाता है जब इसे तीन बार यीशु के नाम और लहू का आह्वान करते हुए सुनाया जाता है।
- **भजन 18** शैतानी जाल के विरुद्ध बाणों की आंधी बन जाता है।
- **भजन 35** एक न्यायालय का आदेश बन जाता है जहाँ परमेश्वर आपके विरोधियों से वाद-विवाद करता है।

- **भजन 51** एक शुद्ध करने वाली आग बन जाता है जो शत्रु के सभी कानूनी आधारों को हटा देता है।

जब आप इन शब्दों को दोहराते हैं, तो आप उन्हें **लोहार की तरह तब तक पीट रहे होते हैं** जब तक दुश्मन की पकड़ टूट न जाए। हर दोहराव एक प्रहार है जब तक कि ज़ंजीर टूट न जाए।

युद्ध प्रार्थना में भजनों की घोषणा कैसे करें - उदाहरण

1. पढ़ने से लेकर आदेश देने तक

भजन संहिता हमें केवल गीत या कविता के रूप में नहीं दी गई है; ये भविष्यसूचक हथियार हैं। जब इन्हें निष्क्रिय रूप से पढ़ा जाता है, तो ये प्रेरणा देते हैं। लेकिन जब इन्हें **यीशु के नाम से उद्घोषित किया जाता है** , तो ये आत्मिक क्षेत्र में कानून बनाते हैं। शत्रु कामनापूर्ण प्रार्थनाओं का उत्तर नहीं देता; वह **वाचा के लहू द्वारा समर्थित आधिकारिक आदेशों के आगे झुकता है** ।

इसीलिए हम इन्हें बार-बार **दोहराते हैं** : व्यर्थ दोहराने के लिए नहीं, बल्कि **भविष्यवाणी के अनुसार तब तक ठोकने के लिए** जब तक कि जूआ टूट न जाए। जैसा लिखा है:

यहोवा की यह वाणी है, "क्या मेरा वचन आग के समान नहीं है, और क्या वह हथौड़े के समान नहीं है जो चट्टान को तोड़ डालता है?" (यिर्मयाह 23:29)।

2. उदाहरण: भजन 91 – व्यक्तिगत युद्ध आदेश

मूल (KJV)

"जो परमप्रधान के छाए हुए स्थान में बैठा रहेगा, वह सर्वशक्तिमान की छाया में ठिकाना पाएगा।"

व्यक्तिगत घोषणा

"यीशु मसीह के नाम के अधिकार से (फिलिप्पियों 2:10-11 , मरकुस 16:17, प्रेरितों के काम 3: 6, प्रेरितों के काम 4:12, यूहन्ना 14:13-14) हमारी सनातन वाचा के लहू (इब्रानियों 13:20, प्रकाशितवाक्य 12:11), अर्थात् यीशु के लहू के द्वारा, मैं परमप्रधान के गुप्त स्थान में रहता हूँ। मैं अब सर्वशक्तिमान की छाया में रहता हूँ। प्रभु मेरा शरणस्थान और मेरा गढ़ है; मेरे परमेश्वर, मैं उस पर भरोसा रखता हूँ। कोई विपत्ति मुझ पर न पड़े; कोई विपत्ति मेरे निवास के निकट न आए।"

हर "करेगा ", "इच्छा" **वर्तमान अधिकार में बदल जाती है** । हर श्लोक आपके चारों ओर **अग्नि की ढाल बन जाता है।**

3. उदाहरण: भजन 35 – भविष्यसूचक न्याय

मूल (KJV)

"हे यहोवा, जो मेरे साथ झगड़ते हैं, उनके साथ मेरा मुक़दमा लड़; जो मेरे विरुद्ध लड़ते हैं, उनके विरुद्ध लड़।"

व्यक्तिगत घोषणा

"हे प्रभु, यीशु के लहू से मेरा पक्ष लो! जो मेरे विरुद्ध लड़ते हैं, उनसे लड़ो। ढाल और कवच थाम लो, और मेरी सहायता के लिए खड़े हो जाओ! मेरे शत्रुओं पर अचानक विनाश आ पड़े, और जो जाल उन्होंने छिपाया है, वह उन्हें फँसा ले। यीशु के नाम पर, मैं अपना मुकुट, अपना सद्गुण, अपना भाग्य पुनः प्राप्त करता हूँ, और मैं आज्ञा देता हूँ कि हर चुराई हुई आशीष सात गुना होकर लौट आए!"

इस आदेश के साथ, भजन 35 **शत्रु के विरुद्ध न्यायालय का फैसला बन जाता है** ।

4. उदाहरण: भजन 51 – कानूनी आधारों की सफाई

मूल (KJV)

"हे परमेश्वर, मेरे अन्दर शुद्ध मन उत्पन्न कर, और मेरे भीतर सीधी आत्मा नये सिरे से उत्पन्न कर।"

व्यक्तिगत घोषणा

"हे परमेश्वर, यीशु मसीह के लहू से, मेरे भीतर एक शुद्ध हृदय उत्पन्न कर! मेरे भीतर एक दृढ़ आत्मा का नवीनीकरण कर। हर पाप जिसने शत्रु को कानूनी आधार दिया था, मेमने के लहू से धुल गया है। मैं धर्मी ठहराया गया हूँ। मैं पुनर्स्थापित किया गया हूँ। मैं शुद्ध किया गया हूँ। शत्रु का कोई भी आरोप मेरे विरुद्ध नहीं टिकता!"

भजन 51 का दोहराव छिपे हुए अपराध को जला देता है, आरोपों को शांत कर देता है, और शैतानी दरवाजे बंद कर देता है।

5. यह क्यों काम करता है

- **पुनरावृत्ति** - शब्द को मन से आत्मा तक ले जाती है, जहां सच्चा अधिकार प्रवाहित होता है।
- **वैयक्तिकरण** - धर्मशास्त्र को जीवित बनाता है, "अभी", दूर के वादे नहीं।
- **आह्वान** - प्रत्येक आदेश **यीशु के नाम** और **वाचा के लहू का आह्वान करता है** , तथा प्रधानताओं को निरस्त्र करता है।
- **अधिकार** - परमेश्वर ने संसार को बोलकर अस्तित्व में लाया; हमें भी विश्वास और तत्परता के साथ **बोलना चाहिए।**

6. अंतिम शब्द

जब आप इस तरह से भजन संहिता का पाठ करते हैं, तो आप पढ़ना ही नहीं कर रहे होते हैं - आप **आत्मिक न्यायालय में आदेश जारी कर रहे होते हैं** , **मुक्ति के तीर चला रहे होते हैं** , और अपने भाग्य पर विजय का झंडा गाड़ रहे होते हैं।

यही कारण है कि इस 7-दिवसीय युद्ध और पुनर्प्राप्ति कार्यक्रम में हर दिन **कई भजन शामिल हैं, जिन्हें 3 बार पढ़ा जाना है** - पूर्ण

पुनर्प्राप्ति प्राप्त होने तक दुश्मन के खिलाफ **हथियार, घोषणाओं और उग्र निर्णय के रूप में।**

असली दुश्मन कौन है?

यह समझना ज़रूरी है कि इस सुधार की लड़ाई में, **इंसान हमारे दुश्मन नहीं हैं** । आपका बॉस, आपका पड़ोसी, आपका व्यावसायिक प्रतिद्वंदी, आपके ससुराल वाले, आपके राजनीतिक विरोधी, या यहाँ तक कि आपके परिवार के सदस्य भी असली दुश्मन नहीं हैं। वे साधन हो सकते हैं, लेकिन हमले का स्रोत नहीं। बाइबल इसे बहुत स्पष्ट करती है:

- *"क्योंकि हमारा यह मल्लयुद्ध, लोहू और मांस से नहीं, परन्तु प्रधानों से, और अधिकारियों से, और इस संसार के अन्धकार के हाकिमों से, और उस दुष्टता की आत्मिक सेनाओं से है जो आकाश में हैं।"* - **इफिसियों 6:12**

इसका मतलब है कि असली युद्ध शारीरिक नहीं, बल्कि **आध्यात्मिक है** । दुश्मन है:

- **शैतान और उसकी शैतानी पदानुक्रम** : पतित स्वर्गदूत, प्रधानताएँ, शक्तियाँ, अंधकार के शासक, और दुष्टता के आत्मिक समूह।
- **जादू-टोना और गुप्त शक्तियां** : बुरी आध्यात्मिक प्रणालियां जो नियति को प्रभावित करती हैं और महिमा को हस्तांतरित करती हैं।
- **शाप और कानूनी आधार** : पीढ़ीगत वेदियां, अनुबंध और बोले गए शब्द जो राक्षसों को जीवन तक पहुंच प्रदान करते हैं।
- **आध्यात्मिक चोर और लुटेरे** : वे शक्तियां जो स्वास्थ्य, सद्गुण, वित्त, गर्भ, मुकुट और सितारों को चुरा लेती हैं और उन्हें दूसरों को सौंप देती हैं।

हाँ, शैतान अक्सर **पुरुषों और महिलाओं को उपकरणों की तरह इस्तेमाल करता है** —कभी जानबूझकर (तांत्रिक, चुड़ैल, जादूगर), कभी अनजाने में (ईर्ष्या, जलन, श्राप या नफ़रत के ज़रिए)। लेकिन हमेशा याद रखें: इंसान तो बस एक औज़ार है। अगर आप लोगों से लड़ते हुए अपने तीर बर्बाद करते हैं, तो आप असली लड़ाई से चूक जाते हैं।

युद्ध की प्रार्थना **पर्दे के पीछे की शक्तियों** - आध्यात्मिक अपहरणकर्ताओं - को निशाना बनाती है। जब उन्हें बाँधा जाता है, उजागर किया जाता है और उखाड़ फेंका जाता है, तो मानव एजेंट अपनी शक्ति खो देते हैं और चुराई हुई नियति वापस आ जाती है।

यीशु ने स्वयं इस सिद्धांत की पुष्टि की:

- *"चोर किसी और काम के लिये नहीं, परन्तु केवल चोरी करने और घात करने और नष्ट करने को आता है; मैं इसलिये आया कि वे जीवन पाएं, और बहुतायत से पाएं।"*
  — **यूहन्ना 10:10**

यही कारण है कि इस कार्यक्रम में आप:

- कानूनी आधार को मिटाने के लिए - **यीशु के रक्त का आह्वान करें।**
- **भजन संहिता और भविष्यवाणियों की घोषणाओं का उपयोग** आध्यात्मिक शत्रुओं के विरुद्ध तीरों और हथौड़ों के रूप में करें।
- **अपना मुकुट, सितारा और सद्गुण पुनः प्राप्त करें** - सीधे दुश्मन के हाथ से।

इसे फिर से दोहराया जाना चाहिए: **मनुष्य हमारे दुश्मन नहीं हैं** । वे हमें चोट पहुँचा सकते हैं, हमारा विरोध कर सकते हैं, या जानबूझकर या अनजाने में बुराई के साथ काम भी कर सकते हैं - लेकिन यीशु ने हमें कभी भी मनुष्यों के जीवन को नष्ट करने के लिए नहीं बुलाया।

जब याकूब और यूहन्ना, वज्र के पुत्र, सामरियों द्वारा आतिथ्य स्वीकार न करने पर क्रोधित हुए, तो उन्होंने यीशु से पूछा कि क्या उन्हें एलिय्याह की तरह आग बरसानी चाहिए ताकि वे उन्हें भस्म कर दें। लेकिन यीशु ने उन्हें डाँटते हुए कहा:

- *"तुम नहीं जानते कि तुम कैसी आत्मा के हो। क्योंकि मनुष्य का पुत्र मनुष्यों के प्राणों को नाश करने नहीं, परन्तु बचाने आया है।"* - **लूका 9:55–56**

इससे हमें एक महत्वपूर्ण सत्य पता चलता है:

- हमारा युद्ध **मांस और लहू के विरुद्ध नहीं है** (इफिसियों 6:12)।
- **राक्षसी आत्माओं, वेदियों और शक्तियों** के विरुद्ध हैं जो मनुष्यों के साथ छल करती हैं, न कि स्वयं मनुष्यों के विरुद्ध।
- यीशु लोगों को बचाते हैं। हम उन आध्यात्मिक व्यवस्थाओं का सामना करते हैं और उन्हें उखाड़ फेंकते हैं जो उन्हें गुलाम बनाती हैं।

तो जब आप युद्ध और पुनर्प्राप्ति के इन 7 दिनों में संलग्न होते हैं:

- अपना क्रोध मनुष्यों पर व्यर्थ न करें।
- **चोर, भक्षक, बर्बाद करने वाले , विध्वंसक, पर्दे के पीछे के शैतानी नेटवर्क** पर केंद्रित करें ।
- लोगों पर ईश्वर की दया के लिए प्रार्थना करें, लेकिन उन्हें नियंत्रित करने वाली शक्तियों पर न्याय के लिए प्रार्थना करें।

यह आपको मसीह की आत्मा में रखता है, जहां **आग शत्रु पर गिरती है** , लेकिन **अनुग्रह मनुष्यों पर जारी होता है** ।

परिचय — भाग्य परिवर्तन की पाँच सच्ची कहानियाँ

1. **वह संगीतकार जिसकी आवाज़ खामोश हो गई थी**
   एक प्रतिभाशाली सुसमाचार संगीतकार की आवाज़ अचानक रातोंरात चली गई। उसे पता ही नहीं था कि उसके एक ईर्ष्यालु प्रतिद्वंद्वी ने आध्यात्मिक रूप से उसकी स्वर-शक्ति को स्थानांतरित कर दिया था। बाद में उसे पता चला कि प्रतिद्वंद्वी अब एक असाधारण शक्ति के साथ गा रहा था—वही शक्ति जो कभी उसके जीवन में थी। महीनों की युद्ध-प्रार्थना के बाद, उसकी आवाज़ वापस आ गई और उसकी संगीत सेवा में विस्फोट हो गया।
2. **व्यवसायी का लुप्त होता भाग्य**
   एक व्यक्ति, जो कभी एक फलती-फूलती कंपनी चलाता था, ने अपनी वित्तीय स्थिति को ऐसे लुप्त होते देखा जैसे निगल लिया गया हो। जाँच में कोई धोखाधड़ी नहीं पाई गई—लेकिन आध्यात्मिक क्षेत्र में, उसकी संपत्ति किसी और के पास चली गई थी। लक्षित प्रार्थनाओं और उपवास के माध्यम से, उसकी वित्तीय स्थिति बहाल हो गई, और उसके प्रतिद्वंद्वी की अवैध कमाई रातोंरात ध्वस्त हो गई।
3. **एक युवा भविष्यवक्ता का सितारा**
   एक युवा भविष्यवक्ता की आवाज़ सूखने लगी। दर्शन, स्वप्न और सटीकता फीकी पड़ने लगी। परमेश्वर ने प्रकट

किया कि सेवकाई में एक प्राचीन ने आध्यात्मिक रूप से अपने सितारे को पकड़ लिया था और उसे पुनः निर्देशित कर दिया था। सात दिनों की युद्ध प्रार्थना के साथ, उसने अपनी भविष्यवाणी की अग्नि पुनः प्राप्त कर ली, और उस प्राचीन ने सार्वजनिक रूप से स्वीकारोक्ति और पश्चाताप किया।

4. **राजनेता का अचानक अस्वीकार**
   एक उभरता हुआ राजनीतिक नेता जीत की ओर अग्रसर था, लेकिन चुनाव से दो हफ़्ते पहले, उसके समर्थकों में एक अजीबोगरीब नफ़रत फैल गई। आध्यात्मिक जाँच से पता चला कि उसका भाग्य का ताज बदल दिया गया था। कड़ी मशक्कत के बाद, ताज वापस कर दिया गया—और वह भारी मतों से जीत गया।

5. **चुराए हुए गर्भ वाली महिला**
   एक विवाहित महिला को चिकित्सा स्वीकृति मिलने के बाद भी, वर्षों तक बांझपन का सामना करना पड़ा। एक भविष्यसूचक मुलाकात में, यह पता चला कि उसका गर्भ आध्यात्मिक रूप से किसी अन्य महिला द्वारा "उधार" लिया गया था। चुराए गए पुण्य को वापस पाने के लिए लक्षित प्रार्थनाओं के बाद, वह गर्भवती हुई और एक वर्ष के भीतर ही उसने बच्चे को जन्म दिया।

दिन 1 - पूर्ण पुनर्प्राप्ति और शत्रु पर न्याय की नींव रखना

प्रारंभिक आह्वान प्रार्थना

पिता, यीशु मसीह के नाम में, मैं आज मेमने के लहू के द्वारा आपके आँगन में प्रवेश करता हूँ। पवित्र आत्मा की अग्नि मुझे घेरे रहे। आपके स्वर्गदूत मेरी रक्षा के लिए उठ खड़े हों। शत्रु का हर हथियार इसी प्रकार निष्प्रभावी हो जाता है। मैं परमेश्वर के सम्पूर्ण हथियार (इफिसियों 6:11-18) धारण करता हूँ और घोषणा करता हूँ कि आज, मेरी महिमा, मेरा सितारा और मेरा भाग्य अग्नि द्वारा पूरी तरह से पुनः प्राप्त हो। जैसे ही मैं प्रार्थना करता हूँ, ज़ंजीरें टूट जाएँ, द्वार टूट जाएँ, और हर दुष्ट तीर यीशु के नाम में उसके भेजने वाले को सात गुना होकर वापस मिले।

विषय शास्त्र

- *भजन संहिता 51:10 – "हे परमेश्वर, मेरे अन्दर शुद्ध मन उत्पन्न कर, और मेरे भीतर सीधी आत्मा नये सिरे से उत्पन्न कर।"*
- *भजन संहिता 143:1 – "हे यहोवा, मेरी प्रार्थना सुन, मेरे गिड़गिड़ाने पर कान लगा; अपनी सच्चाई और धार्मिकता से मुझे उत्तर दे।"*
- *यशायाह 59:1–2 – "... तुम्हारे अधर्म के कामों ने तुम्हें तुम्हारे परमेश्वर से अलग कर दिया है, और तुम्हारे पापों के कारण उसका मुख तुम से ऐसा छिपा है कि वह नहीं सुनता।"*
- *भजन संहिता 7:9, 14–17 – "दुष्टों की दुष्टता नाश हो; परन्तु धर्मियों को स्थिर कर..."*
- *भजन संहिता 35:1 – "हे यहोवा, जो मेरे विरुद्ध झगड़ते हैं, उनसे झगड़; जो मेरे विरुद्ध लड़ते हैं, उनसे युद्ध कर।"*
- *विलापगीत 3:34–36 – "... किसी मनुष्य के मुकद्दमे में उसे पराजित करना, यहोवा को अच्छा नहीं लगता ।"*
- *निर्गमन 14:14 – "यहोवा तुम्हारे लिये लड़ेगा; तुम केवल चुपचाप रहो।"*
- *यशायाह 54:17 – "तेरी हानि के लिये बनाया गया कोई भी हथियार सफल न होगा..."*
- *व्यवस्थाविवरण 32:35 – "बदला लेना मेरा काम है; मैं ही बदला चुकाऊँगा..."*

भजन पाठ क्रम

भजन 51 → *पढ़ें और प्रार्थना करें 9× (पश्चाताप, शुद्धिकरण, और परमेश्वर के समक्ष दया)*
भजन संहिता 28 → *पढ़ें और प्रार्थना करें 3× (मदद के लिए पुकारें, शत्रुओं के विरुद्ध परमेश्वर की ढाल)*
भजन 39 → *पढ़ें और प्रार्थना करें 3× (दुष्ट ज़बान को चुप कराना, नियति के शब्दों को नियंत्रित करना)*
भजन 31 → *पढ़ें और प्रार्थना करें 3× (जाल और भाग्य के शिकारियों से मुक्ति)*
भजन 32 → *पढ़ें और प्रार्थना करें 3× (स्वीकारोक्ति, क्षमा, परमेश्वर की दया से ढकना)*
भजन 33 → *पढ़ें और प्रार्थना करें 3× (स्तुति, ईश्वरीय हस्तक्षेप, शत्रु की योजनाओं का नाश)*
भजन 143 → *पढ़ें और प्रार्थना करें 1× (पुनरुत्थान, भाग्य की बहाली, उत्पीड़न को तोड़ने के लिए पुकार)*

40 युद्ध प्रार्थनाएँ और घोषणाएँ

खंड 1 – शुद्धिकरण और दया (1–10)

1. हे प्रभु, मुझे हर पाप से भली-भाँति धो डाल, कि कोई दोष मुझ पर न ठहरे।
   भजन संहिता 51:2 — "मुझे मेरे अधर्म से भली-भाँति धो डाल , और मेरा पाप छुड़ाकर मुझे शुद्ध कर।"
2. यीशु के लहू से, शैतान को मेरे जीवन में कानूनी पहुँच देने वाले अधर्म के हर रिकॉर्ड को मिटा दो।
   कुलुस्सियों 2:14 — "और उन विधियों के लेखों को जो हमारे विरुद्ध थे, मिटा डाला... और उन्हें क्रूस पर कीलों से जड़ दिया।"
3. हे पिता, अपनी दया से, मेरे तारे के विरुद्ध सुनाए गए हर बुरे फैसले को रद्द कर दो। विलापगीत 3:34–36 — " परमप्रधान के सामने किसी मनुष्य के अधिकार को रोकना ... प्रभु को यह अच्छा नहीं लगता ।"
4. हे प्रभु, मेरी भविष्यवाणी और नियति के विरुद्ध हर बुरी लिखावट को मिटा दे।
   कुलुस्सियों 2:14 — "और विधियों के लेख मिटा दिए... और उसे दूर कर दिया।"
5. मेरी महिमा पर अंधकार का हर कानूनी दावा, यीशु के लहू के द्वारा रद्द कर दिया जाएगा।

इब्रानियों 9:14 — "मसीह का लहू तुम्हारे विवेक को मरे हुए कामों से कितना अधिक शुद्ध करेगा।"

6. हे प्रभु, मुझे उन सभी पीढ़ी-दर-पीढ़ी के अनुबंधों से शुद्ध कर जो भाग्य के लुटेरों को शक्ति देते हैं।
   गलातियों 3:13 — "मसीह ने हमें व्यवस्था के श्राप से छुड़ाया है।"
7. हे प्रभु, मेरे आत्मिक आवरण को पुनः स्थापित कर और मेरे भीतर एक सही आत्मा का नवीनीकरण कर।
   भजन संहिता 51:10 — "हे परमेश्वर, मेरे भीतर एक शुद्ध हृदय उत्पन्न कर, और मेरे भीतर एक सही आत्मा का नवीनीकरण कर।"
8. हे यहोवा, जो मेरे प्राण से लड़ते हैं, उनसे तू भी लड़।
   भजन संहिता 35:1 — "हे यहोवा, मेरा मुक़द्दमा लड़... जो मेरे विरुद्ध लड़ते हैं, उनसे तू भी लड़।"
9. मैं अपमान, बीमारी और देरी के हर तीर को भेजनेवाले को सात गुना करके लौटाता हूँ।
   नीतिवचन 6:31 — "यदि वह मिल जाए, तो उसे सात गुना भर देना होगा।"
10. मेरे तारे पर बोला गया हर श्राप, ईश्वरीय न्याय के साथ भेजने वाले के पास लौटता है।
    व्यवस्थाविवरण 32:35 — " पलटा लेना और प्रतिफल देना मेरा ही काम है ।"

खंड 2 - तीर और बुरी वेदियाँ (11–20)

11. मेरे विरुद्ध भेजा गया हर मंत्र, टोना-टोटका या भविष्य-कथन अब उल्टा असर करता है।
    गिनती 23:23 — "निश्चय ही याकूब पर कोई जादू नहीं है... न ही... इस्राएल पर कोई भविष्य-कथन है।"
12. हे प्रभु, दुष्टों की बुराई उन्हीं के सिर पर लौट आए।
    भजन संहिता 7:16 — "उसकी बुराई उसी के सिर पर लौट आएगी।"
13. मेरे जीवन के लिए जो भी गड्ढा खोदा जाए, खोदनेवाला उसी में गिर जाए।
    भजन संहिता 7:15 — "उसने गड्ढा खोदा... और जो खाई उसने खोदी थी, उसी में गिर गया।"
14. हे पिता, उन दुष्टों की भुजाएँ तोड़ डाल जो मेरे भाग्य का शिकार हैं।
    भजन संहिता 10:15 — "दुष्टों की भुजा तोड़ डाल।"
15. मेरे तारे पर नज़र रखने वाली हर बुरी नज़र, यीशु के नाम पर आग से अंधी हो जाए।
    जकर्याह 2:8 — "जो तुम्हें छूता है, वह अपनी आँख की पुतली ही को छूता है ।"
16. हे शक्तियाँ जो मेरी भविष्यवाणी के विरुद्ध ज्योतिषियों से परामर्श कर रही हैं, अब लज्जित हो जाएँ।
    यशायाह 8:10 — "तुम सब मिलकर सम्मति करो, परन्तु वह व्यर्थ हो जाएगी ।"

17. हे यहोवा, मेरे सतानेवालों को उनके द्वारा मुझ पर किए गए हर कष्ट का सात गुना प्रतिफल दे।
भजन संहिता 79:12 — "हमारे पड़ोसियों को उनकी गोद में सात गुना प्रतिफल दे।"
18. हे प्रभु, दुष्टों की दुष्टता का अन्त हो।
भजन संहिता 7:9 — “हे प्रभु, दुष्टों की दुष्टता का अन्त हो।”
19. जो कोई भी ज़बान मेरे ख़िलाफ़ न्याय करने के लिए उठे, मैं अब तुम्हें दोषी ठहराता हूँ।
यशायाह 54:17 — "कोई हथियार... और हर ज़बान... को तुम दोषी नहीं ठहराओगे।"
20. हे परमेश्वर, उठ और मेरे लिए लड़, जबकि मैं चुप रहूँगा।
निर्गमन 14:14 — "यहोवा तुम्हारे लिए लड़ेगा, और तुम चुप रहो।"

खंड 3 - पुनर्प्राप्ति और पुनर्स्थापना (21–30)

21. मैं अपनी चुराई हुई महिमा को शीघ्रता से लौटने की आज्ञा देता हूँ।
यशायाह 60:1 — "उठ, प्रकाशमान हो; क्योंकि तेरा प्रकाश आ गया है, और यहोवा का तेज तेरे ऊपर उदय हुआ है।"

22. हे मेरे चुराए हुए सद्गुणों, प्रभु का वचन सुनो, अब मुझे ढूँढ़ो।
योएल 2:25 — "मैं तुम्हारी वे वर्ष की उपज लौटा दूँगा जो टिड्डियों ने खा लीं।"
23. हे मेरे आशीषों को धारण करने वाले प्रत्येक आत्मिक भण्डार, उन्हें आग से मुक्त कर दे।
यिर्मयाह 50:25 — "यहोवा ने अपने शस्त्रागार खोलकर अपने क्रोध के हथियार निकाले हैं।"
24. मेरे चुराए हुए तारे, उठ और चमक, क्योंकि तेरा प्रकाश आ गया है।
यशायाह 60:1 — "उठ, चमक, क्योंकि तेरा प्रकाश आ गया है।"
25. भाग्य के किसी भी कब्रिस्तान में मेरी भविष्यवाणी छिपी हो, उसे अभी आग में उगल दो।
यहेजकेल 37:12 — "मैं तुम्हारी कब्रें खोलूँगा और तुम्हें तुम्हारी कब्रों से बाहर निकालूँगा।"
26. मैं अपने जीवन में दबे हुए हर तोड़े को अभी पुनर्जीवित करने की आज्ञा देता हूँ।
मत्ती 25:15 — "उसने एक को पाँच तोड़े दिए, दूसरे को दो, और तीसरे को एक।"
27. हे मेरे नाम, प्रभु का वचन सुनो—हर शैतानी लेबल को अस्वीकार करो।
यशायाह 62:2 — "तुम्हें एक नया नाम दिया जाएगा जो यहोवा के मुख से निकलेगा।"
28. मेरी सुनी हुई प्रार्थनाओं को जकड़े हुए हर शैतानी ज़ंजीर, अब तोड़ दो।

प्रेरितों के काम 12:7 — "और उसके हाथों से ज़ंजीरें खुल गईं।"

29. मैं हर विलम्बित आत्मा से अपने दिव्य समय और समय को पुनः प्राप्त करता हूँ।
सभोपदेशक 3:1 — " हर एक बात का एक अवसर और प्रत्येक काम का, जो आकाश के नीचे होता है, एक समय है।"
30. हे पुनर्स्थापना के स्वर्गदूतों, मेरी सभी चुराई हुई आशीषों को ढूँढ़ो और मुझे लौटा दो।
भजन संहिता 103:20 — "हे यहोवा के दूतो, हे उसके आज्ञाओं को माननेवाले, उसको धन्य कहो।"

खंड 4 - प्रभुत्व और संरक्षण (31-40)

31. मेरी प्रगति पर लगे हर शैतानी प्रतिबंध को अब तितर-बितर कर दो।
नहूम 1:13 — "अब मैं उसका जूआ तेरी गर्दन पर से तोड़ दूँगा, और तेरे बन्धनों को टुकड़े-टुकड़े कर दूँगा।"
32. मेरी भविष्यवाणी में अब और देरी या फेरबदल नहीं होगा।
यहेजकेल 12:28 - "मेरे किसी भी वचन में अब और देरी नहीं होगी ।"
33. मैं अपने जीवन में सभी विलंबित घटनाओं के लिए ईश्वरीय गति प्राप्त करता हूँ।

आमोस 9:13 — "हल जोतनेवाला काटनेवाले को जा लेगा।"

34. हे प्रभु, मेरी महिमा को आग की दीवार से घेर दो।
    जकर्याह 2:5 — "मैं... उसके चारों ओर आग की दीवार ठहरूँगा।"
35. मेरी पुनः प्राप्त आशीषें फिर कभी चुराई न जाएँ।
    नहूम 1:9 — "विपत्ति दूसरी बार न पड़ेगी।"
36. मैं अपने तारे को भविष्य में होने वाले हर आक्रमण से बचाने के लिए यीशु के लहू से ढक लेता हूँ।
    प्रकाशितवाक्य 12:11 — "उन्होंने मेम्ने के लहू के कारण उस पर जयवन्त किया।"
37. हे प्रभु, मेरे सफलताओं की दिन-रात रक्षा करने के लिए स्वर्गदूतों को नियुक्त कर।
    भजन संहिता 91:11 — "वह अपने स्वर्गदूतों को तेरे ऊपर नियुक्त करेगा, कि वे तेरे सब मार्गों में तेरी रक्षा करें।"
38. मैं यह निश्चय करता हूँ कि अब मेरा भाग्य अजनबी आवाज़ों पर ध्यान नहीं देगा।
    यूहन्ना 10:5 — "वे किसी अजनबी के पीछे नहीं जाएँगे, बल्कि उससे दूर भागेंगे।"
39. मेरा जीवन परमेश्वर की भविष्यवाणी को बिना किसी कटौती के, पूरी तरह से प्रकट करेगा।
    यिर्मयाह 1:12 — "मैं अपना वचन पूरा करने के लिए शीघ्रता करूँगा।"
40. हे प्रभु, मेरी सम्पूर्ण शुद्धि, पुनर्स्थापना और संरक्षण के लिए धन्यवाद।

भजन संहिता 126:3 — "यहोवा ने हमारे लिये बड़े बड़े काम किए हैं; जिन से हम आनन्दित हैं।"

दैनिक विजय घोषणा

यीशु मसीह के शक्तिशाली नाम में, मैं घोषणा करता हूँ: मेरे जीवन, भाग्य, तारे और भविष्यवाणी के विरुद्ध चलाया गया हर तीर सात गुना होकर वापस आएगा (नीतिवचन 6:31)। मैं अपनी प्रगति के हर शत्रु, अंधकार के हर एजेंट और हर आध्यात्मिक चोर को बाँधता हूँ, उन्हें शक्तिहीन बनाता हूँ और अनन्त आग की जंजीरों में जकड़ देता हूँ (मत्ती 18:18; यहूदा 1:6)। मेरा हर तारा और भाग्य जो भटक गया है, उलट गया है, अवरुद्ध हो गया है, या निगल लिया गया है - मैं तुम्हें आज्ञा देता हूँ: अभी आग के द्वारा मेरे पास लौट आओ! (यशायाह 60:1; योएल 2:25; ओबद्याह 1:17)। पवित्र आत्मा की आग मेरे गुणों को बंदी बनाने वाली हर वेदिका को भस्म कर देगी। मेरे विरुद्ध बनाया गया कोई भी हथियार सफल नहीं होगा, और न्याय में मेरे विरुद्ध उठने वाली हर जीभ की निंदा की जाएगी (यशायाह 54:17 मेरा सुधार स्थायी है, मेरी आशीष अटल है, और मेरे शत्रु मेरे सामने ठोकर खाकर गिरेंगे (भजन संहिता 27:2)। यहोवा मेरी ढाल, मेरा दृढ़ गढ़ और मेरा छुड़ानेवाला है; मैं जीवन भर उसके उद्धार से आनन्दित रहूँगा (भजन संहिता 18:2)। आमीन।

मध्यरात्रि की भविष्यवाणीपूर्ण कार्रवाई

1. दुष्टों के विरुद्ध न्यायदंड के रूप में *भजन संहिता 7:9, 14-17 को ऊँची आवाज़ में* पढ़ें ।
2. एक छोटा सा पत्थर पकड़ें और घोषणा करें: *"प्रभु की शक्ति से, मैं हर बुरे तीर को उसके भेजने वाले पर सात गुना प्रतिफल के साथ वापस फेंकता हूँ!"* इसे बाहर फेंक दें।
3. *भजन संहिता 35:1 को* तीन बार, उसके बाद *निर्गमन 14:14 को एक बार* पढ़ें , और घोषणा करें: *"यहोवा मेरे लिये लड़ा है, मैं ने सब कुछ छुड़ा लिया है।"*

दिन 2 - मेरे सितारे के विरुद्ध वाचाओं, जंजीरों और बुरे समझौतों को नष्ट करना

प्रारंभिक आह्वान प्रार्थना

पिता, यीशु के नाम में, मैं आज यीशु मसीह के लहू के द्वारा आपके अनुग्रह के सिंहासन के समक्ष उपस्थित होता हूँ। हर बुरी वाचा, ज़ंजीर या समझौते जिसने मेरे तारे, मेरी महिमा और मेरी भविष्यवाणी को बाँध रखा है, पवित्र आत्मा की अग्नि से नष्ट हो जाए। मेरे विरुद्ध किए गए अध्यादेशों का लेखन मिटा दिया जाए, और नरक के साथ किया गया हर समझौता रद्द कर दिया जाए। आज मैं प्रार्थना करता हूँ, तीर सात गुना होकर भेजने वाले के पास लौट जाएँ, और मेरे भाग्य के शत्रु यीशु के नाम में अनंत काल की ज़ंजीरों में बँध जाएँ।

विषय शास्त्र

- *यशायाह 28:18 – "तुम्हारी जो वाचा मृत्यु से बान्धी है वह टूट जाएगी; और तुम्हारी जो वाचा अधोलोक से बान्धी है वह स्थिर न रहेगी।"*
- *कुलुस्सियों 2:14 – "हमारे विरुद्ध लिखी हुई विधियों को मिटा दो..."*
- *भजन संहिता 143:7 – "हे यहोवा, मेरी बात तुरन्त सुन ले; मेरा प्राण निकला जा रहा है; अपना मुख मुझ से न छिपा..."*
- *भजन संहिता 35:1 – "हे यहोवा, जो मेरे विरुद्ध झगड़ते हैं, उनसे झगड़; जो मेरे विरुद्ध लड़ते हैं, उनसे युद्ध कर।"*
- *यशायाह 49:24–25 – "...जो तुझ से लड़ते हैं, मैं उन से भी मुकद्दमा लड़ूंगा, और तेरे लड़के-बालों को बचाऊंगा।"*
- *भजन संहिता 7:9 – "दुष्टों की दुष्टता का अन्त हो; परन्तु धर्मियों को स्थिर कर..."*
- *निर्गमन 14:14 – "यहोवा तुम्हारे लिये लड़ेगा; तुम केवल चुपचाप रहो।"*

भजन पाठ क्रम

दिन 2 – जंजीरें तोड़ने और पुनः प्राप्ति के लिए भजन

- भजन 3 (परमेश्वर भाग्य के शिकारियों के विरुद्ध ढाल है) – 3×
- भजन 18 (छुटकारा, शत्रुओं के विरुद्ध अग्नि बाण) – 3×
- भजन 27 (युद्ध में प्रकाश, उद्धार और आत्मविश्वास) – 3×
- भजन 51 (युद्ध से पहले पश्चाताप, शुद्धि) – 3×
- भजन 91 (परमेश्वर की छाया में सुरक्षा) – 3×
- भजन 118 (विजय गीत, "मैं मरूँगा नहीं बल्कि जीवित रहूँगा") – 3×
- भजन 124 (बहेलिये के फंदे से बचना) – 3×
- यशायाह 54:15–17 (परमेश्वर के सेवकों की विरासत, कोई हथियार सफल नहीं होगा) – 3×

40 युद्ध प्रार्थनाएँ और घोषणाएँ

खंड 1 – बुरी वाचाओं को तोड़ना (1–10)

1. यीशु का लहू, मेरे तारे को शत्रु की वेदी से बाँधने वाली हर बुरी वाचा को निष्फल कर दे।
   यशायाह 28:18 — "मृत्यु के साथ तुम्हारी वाचा टूट जाएगी, और अधोलोक के साथ तुम्हारी वाचा स्थिर न रहेगी।"
2. हे प्रभु, मेरे जीवन और भाग्य के विरुद्ध हर शैतानी अभिलेख को मिटा दे।
   कुलुस्सियों 2:14 — "उसने हमारे विरुद्ध लिखे हुए नियमों को मिटा डाला... और उसे क्रूस पर कीलों से जड़कर मार्ग से हटा दिया।"
3. पवित्र आत्मा की अग्नि, मेरी भविष्यवाणी को थामे हुए अंधकार की हर ज़ंजीर को तोड़ दे।
   नहूम 1:13 — "अब मैं उसका जूआ तेरी गर्दन पर से तोड़ डालूँगा, और तेरे बन्धनों को टुकड़े-टुकड़े कर दूँगा।"
4. मेरी अनुपस्थिति में मेरे तारे के बदले में किया गया हर समझौता अब रद्द हो जाए। यशायाह 8:10 — "तुम सब मिलकर युक्ति करो, परन्तु वह
   व्यर्थ होगी ; तुम बातें कहो, परन्तु वह ठहरेगी नहीं।"
5. मैं अपना नाम विलंब और लज्जा के हर राक्षसी रजिस्टर से हटाता हूँ।

यशायाह 62:2 — "तू एक नया नाम रखा जाएगा जो यहोवा के मुख से निकलेगा।"

6. हे प्रभु, मेरे भाग्य को नकारात्मक रूप से लिखने वाले हर दुष्ट हाथ को काट डालो।
   भजन संहिता 31:15 — "मेरे समय तेरे हाथ में हैं; मुझे मेरे शत्रुओं के हाथ से छुड़ा।"
7. पिछड़ेपन की हर पारिवारिक वाचा, यीशु के लहू से टूट जाती है।
   गलतियों 3:13 — "मसीह ने हमारे लिए श्रापित बनकर, हमें व्यवस्था के श्राप से छुड़ाया।"
8. मेरे जीवन पर शैतानी प्रतिबंध लगाने वाली शक्तियाँ अब समाप्त हो जाएँ।
   नहूम 1:9 — "विपत्ति दूसरी बार न पड़ेगी।"
9. मैं आज्ञा देता हूँ कि मेरी सुनी हुई प्रार्थनाओं को बाँधने वाली हर ज़ंजीर को अभी तोड़ दो।
   प्रेरितों के काम 12:7 — "और उसके हाथों से ज़ंजीरें खुल गईं।"
10. जो भी आत्मिक कारागार मेरी महिमा को रोके हुए है, उसे आग से मुक्त करो।
    यशायाह 42:7 — "कि बन्दियों को कारागार से और जो अन्धकार में बैठे हैं, उन्हें कारागार से निकालो।"

खंड 2 – सीमाओं और अभिशापों को तोड़ना (11–20)

11. मेरे तारे पर छोड़े गए सीमा के तीर, भेजने वाले को सात गुना लौटाएँगे।
    नीतिवचन 6:31 — "यदि वह मिल जाए, तो उसे सात गुना भर देना होगा।"
12. दुष्ट समझौते से उत्पन्न हर अभिशाप, अभी तोड़ दो।
    गिनती 23:23 — "निश्चय याकूब पर कोई जादू नहीं चलता , और न इस्राएल पर कोई भावी कहनेवाला चलता है।"
13. हे प्रभु, मेरी भविष्यवाणी पर लगे हर शैतानी ताले को तोड़ डालो।
    यशायाह 45:2 — "मैं पीतल के फाटकों को तोड़ डालूँगा, और लोहे के बेड़ों को टुकड़े-टुकड़े कर दूँगा।"
14. मैं विरासत में मिली हर गुलामी की ज़ंजीर से आज़ाद हो जाता हूँ।
    रोमियों 8:15 — "क्योंकि तुम्हें गुलामी की आत्मा नहीं मिली कि फिर कभी डरो।"
15. हे प्रभु, हर उस आत्मा से लड़ जो मेरे उत्थान के विरुद्ध है।
    यशायाह 49:25 — "जो तुझ से
    झगड़ता है , मैं उससे झगड़ूँगा , और तेरे बालकों का उद्धार करूँगा।"

16. मेरे जीवन का कोई भी शैतानी ज़मानतदार, आग में भस्म हो जाए।
भजन संहिता 27:2 — "जब दुष्ट, अर्थात् मेरे शत्रु और मेरे बैरी, मेरा मांस खा जाने के लिये मुझ पर चढ़ आए, तब वे ठोकर खाकर गिर पड़े।"
17. हे यीशु के लहू, मेरा नाम अकाल मृत्यु की वाचा से मिटा दे।
भजन संहिता 91:16 — "मैं उसको दीर्घायु से तृप्त करूंगा, और अपने उद्धार का दर्शन दिखाऊंगा।"
18. मैं अपने ऊपर शैतानी आदेश लागू करने वाली हर शक्ति को बाँधता और निष्क्रिय करता हूँ।
मत्ती 18:18 — "जो कुछ तुम पृथ्वी पर बाँधोगे, वह स्वर्ग में भी बंधेगा।"
19. मेरे चुराए हुए सद्गुणों, अब उस बलवान के हाथ से बच निकलो।
लूका 11:21–22 — "जब कोई बलवान शस्त्रधारी अपने घर की रक्षा करता है ... परन्तु जब कोई उससे भी अधिक बलवान उस पर आक्रमण करता है... तो वह उसकी लूट बाँट लेता है ।"
20. हर निगरानी करने वाली आत्मा जो बुरी संधियाँ लागू करती है, आग से अंधी हो जाए।
जकर्याह 2:8 — "जो तुम्हें छूता है, वह अपनी आँख की पुतली ही को छूता है ।"

खंड 3 - स्टार और डेस्टिनी की बहाली (21–30)

21. हे प्रभु, मेरे शत्रुओं को मेरी हर हानि का सात गुना प्रतिफल दे।
    भजन संहिता 79:12 — "हमारे पड़ोसियों को उनकी गोद में सात गुना प्रतिफल दे।"
22. मैं हर पैतृक वेदी से अपना सितारा वापस लाता हूँ।
    1 राजा 13:2 - "हे वेदी, हे वेदी, यहोवा यों कहता है... वह फट जाएगी।"
23. मेरी भविष्यवाणी में अब और देरी या फेरबदल नहीं होगा।
    यहेजकेल 12:28 — "मेरे किसी वचन में अब और विलम्ब न होगा, परन्तु वचन... पूरा होगा।"
24. मैं अपने भाग्य को हर आध्यात्मिक बंधक से मुक्त करता हूँ।
    ओबद्याह 1:17 — "परन्तु सिय्योन पर्वत पर उद्धार होगा, और पवित्रता होगी; और याकूब का घराना अपनी निज भूमि का अधिकारी होगा।"
25. मेरे पुनरुत्थान के विरुद्ध किए गए हर हस्ताक्षर को लहू से मिटा दिया जाए।
    इब्रानियों 12:24 — "छिड़काव का लहू, जो हाबिल के लहू से उत्तम बातें कहता है ।"
26. हे प्रभु, मुझे शत्रु के हर कानूनी बंधन से मुक्त कर।
    यूहन्ना 8:36 — "यदि पुत्र तुम्हें स्वतंत्र करेगा, तो तुम सचमुच स्वतंत्र हो जाओगे।"

27. हे प्रभु, मेरे विवाह और परिवार के विरुद्ध हर बुरी संधि को पलट दे।
यशायाह 54:10 — "क्योंकि पहाड़ हट जाएँगे और पहाड़ियाँ टल जाएँगी; परन्तु मेरी करूणा तुझ पर से न हटेगी।"
28. मैं अपनी ओर से की गई हर स्वप्न वाचा को रद्द करता हूँ।
अय्यूब 33:15–16 — "स्वप्न में, या रात के दर्शन में... तब वह मनुष्यों के कान खोलता है , और उनकी शिक्षा पर मुहर लगाता है ।"
29. हे परमेश्वर की अग्नि, मेरे आशीर्वादों को धारण करने वाले हर शैतानी तट को नष्ट कर दे।
यिर्मयाह 51:25 — "हे नाश करने वाले पहाड़, देख, मैं तेरे विरुद्ध हूँ... और तुझे चट्टानों पर से लुढ़का दूँगा।"
30. मैं अपनी भटकी हुई आशीषों को अब आग के द्वारा वापस लौटने के लिए कहता हूँ।
योएल 2:25 — "मैं उन वर्षों की उपज तुम्हें लौटा दूँगा जो टिड्डियों ने खा लीं।"

खंड 4 – संरक्षण और गौरव (31–40)

31. हे प्रभु, मेरी पुनः प्राप्त आशीषों को आग की दीवार से घेर दीजिए।
जकर्याह 2:5 — "क्योंकि मैं... उसके चारों ओर आग की दीवार ठहरूँगा।"

32. मैं भविष्य में होने वाले आक्रमणों के विरुद्ध यीशु के लहू से अपने भाग्य की मुहर लगाता हूँ।
प्रकाशितवाक्य 12:11 — "वे मेम्ने के लहू के कारण, और अपनी गवाही के वचन के कारण, उस पर जयवन्त हुए।"
33. हे प्रभु, दुष्टों की दुष्टता का अन्त हो।
भजन संहिता 7:9 — "दुष्टों की दुष्टता का अन्त हो।"
34. मेरी पुनर्स्थापना के विरुद्ध बोलने वाली हर ज़बान अब चुप हो जाए।
यशायाह 54:17 — "कोई हथियार नहीं... और हर ज़बान जो मुक़दमा करके तेरे ख़िलाफ़ उठे, तू उसे दोषी ठहराएगा।"
35. मैं वाचा पालने वाली हर आत्मा को बाँधकर गड्ढे में डाल देता हूँ।
प्रकाशितवाक्य 20:3 — "और उसे अथाह गड्ढे में डाल कर बन्द कर देता हूँ।"
36. मेरी भविष्यवाणी को थामे हुए दुष्टों की ज़ंजीरें अब टूट जाएँ।
भजन संहिता 107:14 — "उसने उन्हें अंधकार और मृत्यु की छाया से निकाला, और उनके बन्धन तोड़ डाले ।"
37. मैं हर शैतानी एस्क्रो खाते से अपना भाग्य हटा लेता हूँ।
यिर्मयाह 30:17 — "क्योंकि मैं तेरा इलाज करके तेरे घावों को चंगा करूँगा।"
38. हे मेरी महिमा, उठ और बिना देर किए फिर से चमक उठ।
यशायाह 60:1 — "उठ, प्रकाशमान हो, क्योंकि तेरा प्रकाश आ गया है।"

39. मैं शत्रु द्वारा मुझे दी गई हर वैकल्पिक महिमा को अस्वीकार करता हूँ।
यिर्मयाह 30:18 — "यहोवा यों कहता है, देख, मैं याकूब के तम्बुओं को बंधुआई से लौटा ले आऊँगा।"
40. हे प्रभु, मेरे तारे के विरुद्ध हर बंधन और वाचा को तोड़ने के लिए धन्यवाद।
भजन संहिता 126:3 — "यहोवा ने हमारे लिये बड़े बड़े काम किए हैं; जिन से हम आनन्दित हैं।"

दैनिक विजय घोषणा

यीशु मसीह के शक्तिशाली नाम में, मैं घोषणा करता/करती हूँ: मेरे सितारे के विरुद्ध हर दुष्ट वाचा, बंधन और समझौता टूट गया है। मेरे जीवन पर चलाया गया हर तीर सात गुना होकर भेजने वाले के पास वापस जाता है। मेरा भाग्य, सितारा और भविष्यवाणी हर शैतानी पकड़ से मुक्त हो गए हैं। पवित्र आत्मा की अग्नि मेरे आशीर्वादों को धारण करने वाली हर वेदी, रजिस्टर और गोदाम को भस्म कर देती है। मेरा पूर्ण सुधार हो, मेरी पुनर्स्थापना स्थायी हो, और मेरी महिमा बिना किसी रुकावट के फिर से चमकेगी। आमीन।

मध्यरात्रि की भविष्यवाणीपूर्ण कार्रवाई

1. अपनी बाइबल खोलकर *कुलुस्सियों 2:14 पर खड़े हो जाइए*, और उसे सात बार ऊँची आवाज़ में बोलिए।
2. अपने हाथ से एक काल्पनिक जंजीर को काटते हुए घोषणा करें: *"जंजीरें, आग से तोड़ो!"*
3. *भजन 35:1 को* तीन बार और *यशायाह 28:18 को* एक बार प्रार्थना करें ।
4. सम्पूर्ण स्वतंत्रता के लिए धन्यवाद के साथ समाप्त करें।

दिन 3 - बुरी वेदियों को गिराना और अपना चुराया हुआ सितारा वापस पाना

प्रारंभिक आह्वान प्रार्थना

पिता, यीशु मसीह के नाम में, मैं आज आपके सामने अग्नि द्वारा उत्तर देने वाले परमेश्वर के रूप में आता हूँ। मेरे तारे, मेरी भविष्यवाणी और मेरे भाग्य के विरुद्ध बोलने वाली हर दुष्ट वेदिका को अभी गिरा दिया जाए। मेरी महिमा के विरुद्ध किए गए हर बलिदान को उलट दिया जाए। पवित्र आत्मा की अग्नि इन वेदिकाओं के पुजारियों और शक्तियों को भस्म कर दे। जैसे मैं प्रार्थना करता हूँ, हर तीर सात गुना होकर भेजने वाले के पास वापस जाए, और यीशु के नाम में मेरा चुराया हुआ तारा पूरी चमक के साथ पुनः चमक उठे।

विषय शास्त्र

- *1 राजा 18:38 – "तब यहोवा की आग भड़की और बलि, लकड़ी, पत्थर और मिट्टी को जला दिया, और खाई का जल भी सुखा दिया।"*
- *न्यायियों 6:25 – "अपने पिता की बाल की वेदी को गिरा दो, और उसके पास की अशेरा की लाठ को काट डालो।"*
- *भजन संहिता 143:11 – "हे यहोवा, अपने नाम के निमित्त मुझ को जिला; अपने धर्म के निमित्त मेरे प्राण को संकट से निकाल।"*
- *भजन संहिता 35:1 – "हे यहोवा, जो मेरे विरुद्ध झगड़ते हैं, उनसे झगड़; जो मेरे विरुद्ध लड़ते हैं, उनसे युद्ध कर।"*
- *भजन संहिता 7:9 – "दुष्टों की दुष्टता का अन्त हो; परन्तु धर्मियों को स्थिर कर..."*
- *यशायाह 54:17 – "तेरी हानि के लिये बनाया गया कोई भी हथियार सफल न होगा..."*
- *ओबद्याह 1:17 – "... परन्तु सिय्योन पर्वत पर उद्धार होगा, और पवित्रता होगी; और याकूब का घराना अपनी निज भूमि का अधिकारी होगा।"*

भजन पाठ क्रम

दिन 3 – खोई हुई महिमा की पुनः प्राप्ति के लिए भजन

- भजन 6 (दया और चंगाई) – 3×
- भजन 20 (सिय्योन से परमेश्वर सहायता भेज रहा है) – 3×
- भजन 30 (शोक को नृत्य में बदलना) – 3×
- भजन 35 (हे यहोवा, मेरे विरोधियों से झगड़ा कर) – 3×
- भजन 40 (कीचड़ भरी मिट्टी से उठाना) – 3×
- भजन 92 (धर्मी लोग खजूर के पेड़ की तरह फलते-फूलते हैं) – 3×
- भजन 126 (नेगेव में नदियों की तरह भाग्य की बहाली) – 3×
- यशायाह 41:10–16 (मत डर, मैं तुझे सम्भालूंगा, मैं तुझे दांवने का यंत्र बनाऊंगा) – 3×

40 युद्ध प्रार्थनाएँ और घोषणाएँ

खंड 1 - बुरी वेदियों का उपभोग (1-10)

1. हे प्रभु, मेरे भाग्य से लड़ने वाली हर बुरी वेदी को भस्म करने के लिए अपनी अग्नि भेजिए।
   1 राजा 18:38 - "तब यहोवा की आग उतरी और होमबलि, लकड़ी, पत्थर और धूल को भस्म कर दिया।"
2. मैं अपने तारे के विरुद्ध विलंब और अवनति की हर वेदी को ढहाने की आज्ञा देता हूँ।
   न्यायियों 6:25 — "अपने पिता का बछड़ा ले... अपने पिता की बाल की वेदी को गिरा दे।"
3. यीशु का लहू, मेरी भविष्यवाणी में बाधा डालने के लिए किए गए हर बलिदान के विरुद्ध बोल।
   इब्रानियों 12:24 — "छिड़काव का लहू, जो हाबिल के लहू से उत्तम बातें कहता है ।"
4. हे एलिय्याह के परमेश्वर, उठ और आग गिराकर मुझे उत्तर दे।
   1 राजा 18:24 — "जो परमेश्वर आग गिराकर उत्तर दे , वही परमेश्वर ठहरे।"
5. जो याजक मेरी महिमा के विरुद्ध सेवा करते हैं, वे यहोवा की तलवार से मारे जाएँ।
   यिर्मयाह 48:10 — "शापित है वह जो अपनी तलवार को खून बहाने से रोके रखता है ।"

6. हर बुरी वेदियों की राख परमेश्वर की हवा से उड़ा दी जाए।
   निर्गमन 23:24 — "तू उन्हें पूरी तरह से नष्ट कर देगा, और उनकी मूर्तियों को पूरी तरह से तोड़ डालेगा।"
7. मेरे चुराए हुए तारे, प्रभु का वचन सुनो—लौट आओ और चमको।
   यशायाह 60:1 — "उठो, चमको; क्योंकि तेरा प्रकाश आ गया है, और यहोवा का तेज तेरे ऊपर उदय हुआ है।"
8. मेरे तारे की जगह लेने वाली हर बुरी ज्योति अब बुझ जाए।
   अय्यूब 18:5 — "दुष्टों का प्रकाश बुझ जाएगा, और उनकी आग की चिंगारी न चमकेगी।"
9. हे प्रभु, मेरे तारे को और भी ज़्यादा चमकीला बनाने के लिए उसे ताज़ा तेल से अभिषिक्त कर।
   भजन संहिता 92:10 — "मुझे ताज़ा तेल से अभिषिक्त किया जाएगा।"
10. बीमारी और दुःख की हर वेदी, अब आग पकड़ लो।
    व्यवस्थाविवरण 7:15 — "और यहोवा तुझ से सब रोग दूर कर देगा।"

खंड 2 – बुरी सभाओं को बिखेरना (11–20)

11. बुरी वेदियों से निकले तीर, भेजनेवाले के पास सात गुना लौटकर जाते हैं।
    नीतिवचन 6:31 — "यदि वह मिल जाए, तो उसे सात गुना भर देना होगा।"

12. मैं अपने भाग्य के विरुद्ध तारा-शिकारियों के हर समूह को तितर-बितर कर देता हूँ। यशायाह 8:10 — "सब मिलकर युक्ति करो, परन्तु वह
व्यर्थ हो जाएगी ।"
13. हर वेदी जहाँ मेरा चित्र या नाम रखा जाता है, आग लग जाती है।
यशायाह 47:13-14 — "देखो, वे भूसे के समान हो जाएँगे; आग उन्हें जला देगी।"
14. हे प्रभु, यीशु का लहू मेरा नाम हर शैतानी सूची से मिटा दे। कुलुस्सियों 2:14 — "हमारे विरुद्ध लिखे हुए नियमों को मिटा दे।"
15. मैं अपनी भविष्यवाणी को दुष्ट वेदियों के मुँह से निकालता हूँ।
यिर्मयाह 1:12 — "मैं अपना वचन शीघ्र पूरा करूँगा।"
16. हे प्रभु, मेरी उन्नति के विरुद्ध वेदियों से विवाद कर। भजन संहिता 35:1 — "हे यहोवा, जो मेरे साथ झगड़ते हैं, उनके साथ मेरा मुक़द्दमा लड़।"
17. पवित्र आत्मा की अग्नि बुरी वेदियों से जुड़ी हर वाचा को नष्ट कर दे।
नहूम 1:13 — "अब मैं उसका जूआ तेरी गर्दन पर से तोड़ डालूँगा।"
18. जो कोई वेदी रात में मेरे तारे को पुकारे, उसमें आग लग जाए।
मीका 5:12 — "मैं तेरे हाथ से टोना-टोटका नाश करूँगा।"

19. हे प्रभु, मेरे भाग्य को ईश्वरीय समय और ऋतुओं के अनुसार पुनः व्यवस्थित कर।
सभोपदेशक 3:1 — " हर एक बात का एक अवसर और प्रत्येक काम का, जो आकाश के नीचे होता है, एक समय है।"
20. मेरी प्रगति के विरुद्ध वेदियों से बोलने वाली हर अजनबी आवाज़ को चुप करा दिया जाए।
यशायाह 54:17 — "हर एक ज़बान जो मुक़द्दमा लड़कर तेरे ख़िलाफ़ उठे, तू उसे सज़ा देगा।"

खंड 3 - स्टार और गुणों की पुनर्प्राप्ति (21-30)

21. मैं अपना दिव्य मुकुट वापस पा रहा हूँ जो चुराया गया था और एक दुष्ट वेदी पर रखा गया था।
प्रकाशितवाक्य 3:11 — "जो कुछ तेरे पास है उसे थामे रह, कि कोई तेरा मुकुट छीन न ले।"
22. हे प्रभु, मेरी महिमा को दुष्टों की पहुँच से दूर सुरक्षित स्थान पर स्थापित कर।
भजन संहिता 27:5 — "क्योंकि संकट के समय वह मुझे अपने मण्डप में छिपा लेगा।"
23. बुरी वेदियों की नींव इतनी ढह जाए कि उसकी मरम्मत न की जा सके।
यहेजकेल 13:14 — "इस प्रकार मैं दीवार को ढा दूँगा... और उसे ज़मीन पर गिरा दूँगा।"

24. जो कोई रात में मेरी आत्मा को बुलाए, उसे आग से तितर-बितर कर दो।
यशायाह 8:9–10 — "हे लोगो, एक हो जाओ, तो तुम टुकड़े-टुकड़े कर दिए जाओगे।"
25. हे मेरे तारे, हर राक्षसी नक्षत्र-मंडल से मुक्त हो जा।
अय्यूब 38:31 — "क्या तू कपालभाति के मधुर प्रभाव को बाँध सकता है, वा मृगशिरा के बन्धन खोल सकता है?"
26. हे प्रभु, मेरे तारे की दिन-रात रक्षा करने के लिए स्वर्गदूतों को नियुक्त कर। भजन संहिता 91:11 — "क्योंकि वह अपने स्वर्गदूतों को
तेरे ऊपर नियुक्त करेगा ।"
27. मेरे चुराए हुए सद्गुण अब मुझे स्वर्गदूतों का सा सहयोग प्राप्त कराएँ।
इब्रानियों 1:14 — "क्या वे सब सेवा टहल करनेवाली आत्माएँ नहीं हैं, जो उद्धार पानेवालों की सेवा के लिए भेजी जाती हैं?"
28. हे प्रभु, मेरे विषय में जो भी व्यर्थ बातें बोलती हैं, उन सब का मुंह बन्द कर दे।
गिनती 23:23 — "निश्चय ही याकूब पर कोई जादू नहीं।"
29. मैं हर समुद्री वेदी से अपना तारा वापस लाता हूँ।
यहेजकेल 26:13 — "मैं तेरे गीतों का शोर बंद कर दूँगा।"
30. बुरी वेदियों से बंधी हर मृत्यु की वाचा रद्द कर दी जाती है।
यशायाह 28:18 — "तुम्हारी मृत्यु की वाचा रद्द कर दी जाएगी।"

खंड 4 – संरक्षण और अपरिवर्तनीय गौरव (31–40)

31. परमेश्वर की अग्नि मेरे भाग्य को बंदी बनाने वाले हर मंदिर को भस्म कर दे।
    व्यवस्थाविवरण 12:3 — "तुम उनकी वेदियों को ढा देना, और उनकी लाठों को तोड़ डालना।"
32. हे प्रभु, मेरे विरुद्ध तारा-विनिमय करने वालों की मेज़ें उलट दे।
    मत्ती 21:12 — "और यीशु ने... सर्राफों की मेज़ें उलट दीं।"
33. स्वप्नों में हेराफेरी की हर वेदी, अब आग पकड़ ले।
    अय्यूब 33:15-16 — "स्वप्न में, रात के दर्शन में... तब वह मनुष्यों के कान खोलता है।"
34. मैं अपने मामले के लिए नियुक्त हर वेदी रक्षक को बाँधता हूँ।
    मत्ती 18:18 — "जो कुछ तुम पृथ्वी पर बाँधोगे, वह स्वर्ग में भी बंधेगा।"
35. मेरी पुनः प्राप्त आशीषें मसीह में सुरक्षित रहें।
    कुलुस्सियों 3:3 — "क्योंकि तुम तो मर गए, और तुम्हारा जीवन मसीह के साथ परमेश्वर में छिपा हुआ है।"
36. हे प्रभु, आज मेरी पूर्ण और अपरिवर्तनीय रिकवरी हो।
    ओबद्याह 1:17 — "परन्तु सिय्योन पर्वत पर उद्धार होगा...

और याकूब का घराना अपनी निज भूमि पर अधिकार करेगा।"

37. जो भी वेदी मेरे तारे को छोड़ने से इनकार करती है, उसमें दोहरी आग लग जाती है।
    1 राजा 18:38 - "तब यहोवा की आग उतरी और भस्म कर दी... और जल को चाट गई।"
38. अपने-अपने मार्ग में चलते हुए तारों को मेरे शत्रुओं से लड़ने दो।
    न्यायियों 5:20 — "वे आकाश से लड़े; अपने-अपने मार्ग में चलते हुए तारों ने सीसरा से युद्ध किया।"
39. मेरा पुनः प्राप्त हुआ तारा फिर कभी धुंधला नहीं होगा।
    नहूम 1:9 — "विपत्ति दूसरी बार न पड़ेगी।"
40. हे प्रभु, वेदियों को गिराने और मेरी पूरी महिमा को पुनःस्थापित करने के लिए धन्यवाद।
    भजन संहिता 126:3 — "यहोवा ने हमारे लिये बड़े बड़े काम किए हैं; जिन से हम आनन्दित हैं।"

दैनिक विजय घोषणा

यीशु मसीह के नाम पर, मैं यह आदेश देता/देती हूँ: मेरे भाग्य के विरुद्ध खड़ी की गई हर दुष्ट वेदी को आग से गिरा दिया जाएगा। मेरे विरुद्ध हर बलिदान उलट दिया जाएगा। मेरा सितारा पूरी तरह चमक उठेगा, मेरी भविष्यवाणी पुनः सक्रिय हो जाएगी, और मेरे शत्रुओं को अपमानित किया जाएगा। हर तीर सात गुना होकर भेजने

वाले के पास वापस जाएगा, हर ज़ंजीर टूट जाएगी, और मेरी जीत स्थायी होगी। आमीन।

मध्यरात्रि की भविष्यवाणीपूर्ण कार्रवाई

1. खड़े हो जाइए और *1 राजा 18:38 को* सात बार ऊँची आवाज़ में पढ़िए।
2. अपने हाथों से ताली बजाओ और घोषणा करो: *"हे परमेश्वर की अग्नि, मेरे जीवन के विरुद्ध हर बुरी वेदी को भस्म कर दो!"*
3. *भजन 35:1 को* तीन बार और *भजन 7:9 को* एक बार पढ़ें ।
4. आपके तारे के पूर्णतः ठीक होने के लिए ईश्वर का धन्यवाद।

दिन 4 - बुरे आदान-प्रदान को नष्ट करना और अपने मूल भाग्य को पुनः प्राप्त करना

प्रारंभिक आह्वान प्रार्थना

पिता, यीशु मसीह के नाम में, मैं आपके समक्ष नियति के पुनर्स्थापक के रूप में आता हूँ। मेरी महिमा, नक्षत्र और भविष्यवाणी का हर आध्यात्मिक आदान-प्रदान—चाहे वह स्वप्न-संयोग, जादू-टोना, समुद्री वाचाएँ, या राक्षसी बातचीत के माध्यम से हो—यीशु के लहू द्वारा निष्फल हो जाता है। चोर चुराई हुई हर चीज़ को सात गुना करके लौटाए। जैसे मैं प्रार्थना करता हूँ, हर दुष्ट तीर भेजने वाले के पास वापस जाए, और मेरा मूल भाग्य मुझे पूरी तरह से वापस मिले।

विषय शास्त्र

- *सभोपदेशक 10:7 – "मैंने दासों को घोड़ों पर चढ़ते और हाकिमों को पृथ्वी पर दासों की नाईं चलते देखा है।"*
- *यशायाह 61:7 – "तुम्हारी लज्जा के बदले तुम्हें दूना भाग मिलेगा..."*
- *भजन संहिता 143:12 – "और अपनी करुणा से मेरे शत्रुओं को नाश कर डाल, और मेरे प्राणों को दु: ख देने वालों को नाश कर डाल; क्योंकि मैं तेरा दास हूँ।"*
- *भजन संहिता 35:1 – "हे यहोवा, जो मेरे विरुद्ध झगड़ते हैं, उनसे झगड़; जो मेरे विरुद्ध लड़ते हैं, उनसे युद्ध कर।"*
- *भजन संहिता 7:9 – "दुष्टों की दुष्टता का अन्त हो; परन्तु धर्मियों को स्थिर कर..."*
- *ओबद्याह 1:17 – "...और याकूब का घराना अपनी सम्पत्ति का अधिकारी होगा।"*
- *नीतिवचन 6:31 – "...उसे सातगुणा फेर देना पड़ेगा; उसे अपने घर की सारी सम्पत्ति देनी पड़ेगी।"*

भजन पाठ क्रम

दिन 4 – सितारों की पुनर्प्राप्ति और भाग्य के पुनर्निर्माण के लिए भजन

- भजन 7 (परमेश्वर दुष्टों का न्याय करता है, तीर वापस भेजने वाले की ओर) – 3×
- भजन 21 (शत्रुओं पर विजय) – 3×
- भजन 34 (भय से मुक्ति, परमेश्वर अपनों के लिए लड़ता है) – 3×
- भजन 44 (आपके द्वारा हम अपने शत्रुओं को पीछे धकेलते हैं) – 3×
- भजन 60 (युद्ध में हुई क्षति से पुनर्बहाली) – 3×
- भजन 103 (दया और नवीनीकरण के लिए धन्यवाद) – 3×
- भजन 140 (हिंसक लोगों से मुक्ति) – 3×
- यशायाह 60:1–3 (उठो, प्रकाशमान हो, क्योंकि तुम्हारा प्रकाश आ गया है) – 3×

40 युद्ध प्रार्थनाएँ और घोषणाएँ

खंड 1 – बुरे आदान-प्रदान को उलटना (1–10)

1. यीशु के लहू, मेरे जीवन के विरुद्ध किए गए हर बुरे व्यवहार को उलट दे।
   यशायाह 61:7 — "तुम्हारी लज्जा के बदले तुम्हें दूना भाग मिलेगा; और लज्जा के बदले वे अपने भाग में आनन्दित होंगे; इसलिये वे अपने देश में दूना भाग पाएंगे; और उनको सदा आनन्द मिलेगा।"
2. जिस किसी शक्ति ने मेरी महिमा को लज्जा से बदल दिया है, वह अब लज्जित हो।
   सभोपदेशक 10:7 — "मैंने दासों को घोड़ों पर सवार और हाकिमों को पृथ्वी पर दासों की नाईं चलते देखा है।"
3. हे प्रभु, मेरे उस मूल भाग्य को पुनर्स्थापित कर, जिसके साथ छेड़छाड़ की गई है।
   यिर्मयाह 30:17 — "क्योंकि मैं तेरा इलाज करके तेरे घावों को चंगा करूँगा, यहोवा की यही वाणी है।"
4. हर आध्यात्मिक बाज़ार जहाँ मेरे सद्गुणों का व्यापार होता था, आग पकड़ लेता है।
   यहेजकेल 27:36 — "देश-देश के व्यापारी तुझ पर सीटी बजाएँगे; तू भय का कारण होगा, और फिर कभी न रहेगा।"

5. हे प्रभु, मेरे विरुद्ध शैतानी लेन-देन की हर मेज़ को उलट दे। मत्ती 21:12 — "और यीशु ने... सर्राफों की मेज़ें और कबूतर बेचने वालों की चौकियाँ उलट दीं।"
6. मैं अपने खोए हुए अवसरों को भाग्य के लुटेरों के हाथों से वापस पाता हूँ।
   योएल 2:25 — "और मैं उन वर्षों की उपज तुम्हें लौटा दूँगा जो टिड्डियों ने खा लीं।"
7. हे प्रभु, मेरे शत्रुओं को उनकी लूट का सात गुना लौटाने के लिए विवश कर दे।
   नीतिवचन 6:31 — "यदि वह मिल जाए, तो उसे सात गुना लौटाना पड़ेगा; उसे अपने घर की सारी सम्पत्ति देनी पड़ेगी।"
8. सम्मान के बदले मुझ पर जो भी लज्जा का वस्त्र डाला गया है, उसे आग में जला दो।
   जकर्याह 3:4 — "उसके मैले वस्त्र उतार दो। देख, मैं ने तेरे अधर्म को दूर किया है, और मैं तुझे नया वस्त्र पहनाऊँगा।"
9. हे प्रभु, मुझे मेरे मूल कार्य के लिए पुनः अभिषिक्त कर। भजन संहिता 92:10 — "परन्तु तू मेरे सींग को गेंडे के सींग के समान ऊँचा करेगा ; मैं शुद्ध तेल से अभिषिक्त होऊँगा।"
10. मेरे स्वप्न में आदान-प्रदान की गई हर आशीष, आग से उलट जाए।
    अय्यूब 33:15–16 — "स्वप्न में, या रात के दर्शन में... तब वह मनुष्यों के कान खोलता है , और उनकी शिक्षा पर मुहर लगाता है ।"

खंड 2 – दुष्टों के हाथों से छुटकारा (11–20)

11. इस आदान-प्रदान को लागू करने वाला कोई भी दुष्ट तीर, भेजने वाले के पास सात गुना होकर लौटेगा।
    भजन संहिता 7:16 — "उसकी बुराई उसी के सिर पर लौट आएगी, और उसका उपद्रव उसी के सिर पर पड़ेगा।"
12. हे प्रभु, मेरे तारे को थामे हुए दुष्टों के हाथ तोड़ दे।
    भजन संहिता 10:15 — "दुष्ट और बुरे मनुष्य की भुजा तोड़ दे।"
13. मैं अपनी आर्थिक प्रतिष्ठा के हर परिवर्तन को उलटने की आज्ञा देता हूँ।
    हाग्गै 2:8 — "चाँदी मेरी है, और सोना भी मेरा है, सेनाओं के यहोवा का यही वचन है।"
14. हे प्रभु, मुझे श्रम और लाभ के हर बुरे हस्तांतरण से मुक्त कर।
    यशायाह 65:22 — "ऐसा नहीं होगा कि वे बनाएँ और दूसरा बसे; या वे लगाएँ और दूसरा खाए।"
15. हे मेरे महिमामय मुकुट, अग्नि द्वारा मेरे सिर पर लौट आ।
    यशायाह 62:3 — "तू यहोवा के हाथ में एक महिमामय मुकुट ठहरेगा।"
16. जो भी शक्ति मेरे तारे का उपयोग करके चमकती है, उसका समय समाप्त हो गया है—उसे अभी छोड़ दो।
    न्यायियों 5:20 — "वे आकाश से लड़े; और तारे अपने-अपने मार्ग से सीसरा से लड़ने लगे।"

17. हे प्रभु, मेरे जीवन के हर आध्यात्मिक चोर को बेनकाब और अपमानित कर।
अय्यूब 5:12 — "वह धूर्तों की युक्तियों को निष्फल कर देता है , और उनके हाथ अपने काम पूरे नहीं कर पाते।"
18. मैं हर हड़पनेवाले से अपना सम्मान का पद वापस ले लेता हूँ।
भजन संहिता 75:7 — "परन्तु परमेश्वर न्यायी है: वह एक को गिराता है , और दूसरे को स्थापित करता है ।"
19. हर शैतानी लेन-देन के समझौते को मैं आग में झोंक दूँगा।
यशायाह 28:18 — "और जो वाचा तू ने मृत्यु से बाँधी थी वह टूट जाएगी, और जो वाचा तू ने अधोलोक से बाँधी थी वह स्थिर न रहेगी।"
20. हे प्रभु, मेरी चुराई हुई भविष्यवाणी अब पुनः सक्रिय हो जाए।
यिर्मयाह 1:12 — "तू ने ठीक देखा है, क्योंकि मैं अपना वचन शीघ्रता से पूरा करूँगा।"

धारा 3 – छिपे हुए लेनदेन को रद्द करना (21–30)

21. मेरे भाग्य से जुड़े हर गुप्त लेन-देन को रद्द कर दिया जाए।
कुलुस्सियों 2:14 — "जो नियम हमारे विरुद्ध लिखे गए थे, जो हमारे विरोध में थे, उन्हें मिटा दिया जाए।"

22. मैं मुझसे छीने गए हर आत्मिक वरदान को वापस लेता हूँ।
रोमियों 11:29 — "क्योंकि परमेश्वर के वरदान और बुलाहट बिना पछतावे के हैं।"
23. हे प्रभु, मुझे जो भी हानि हुई है, उसका दुगुना प्रतिफल दे।
यशायाह 61:7 — "तुम्हारी लज्जा का बदला तुम्हें दुगुना मिलेगा... उनको सदा आनन्द मिलेगा।"
24. मेरे शत्रुओं को मेरे विरुद्ध जो विपत्ति लाने की योजना है, उसे वे ले आएँ।
भजन संहिता 35:8 — “उस पर अचानक विनाश आ पड़े, और उसका लगाया हुआ जाल आप ही फँस जाए।”
25. इस आदान-प्रदान को लागू करने वाली प्रत्येक वेदी, अब आग पकड़ ले।
1 राजा 18:38 — "तब यहोवा की आग उतरी और होमबलि को भस्म कर दिया।"
26. हे प्रभु, मेरे जीवन से सद्गुणों के रिसाव के हर रास्ते को बंद कर दो।
हाग्गै 1:6 — "तुमने बहुत बोया है, परन्तु थोड़ा काटा है... और जो मज़दूरी कमाता है , वह अपनी मज़दूरी को छेद वाली थैली में रखने के लिए कमाता है ।"
27. मैं उस बलवान को बाँधता हूँ जो मेरी सम्पत्ति पर कब्ज़ा करता है।
मत्ती 12:29 — "नहीं तो कोई बलवान के घर में घुसकर उसका माल कैसे लूट सकता है जब तक कि पहले उस बलवान को न बाँध ले ?"

28. हर श्राप एक अदला-बदली में मुझ पर स्थानांतरित हो गया, अब टूट गया।
गिनती 23:23 — "निश्चय ही याकूब पर कोई जादू नहीं चलता, न इस्राएल पर कोई भावी कहनेवाला चलता है।"
29. मैं दुष्ट लेन-देन के ज़रिए मुझे दी गई हर शैतानी पहचान को अस्वीकार करता हूँ।
यशायाह 62:2 — "तुम्हें एक नया नाम दिया जाएगा जो यहोवा के मुख से निकलेगा।"
30. मेरी पुनः प्राप्त आशीषें सदा के लिए स्थापित हों।
2 शमूएल 7:16 - "और तेरा घराना और तेरा राज्य तेरे सामने सदैव स्थापित रहेंगे।"

धारा 4 – स्थायी बहाली (31–40)

31. हे प्रभु, मेरे तारे को अपने प्रकाश से ढक दे ताकि वह फिर कभी चुरा न सके।
जकर्याह 2:5 — "क्योंकि यहोवा की यह वाणी है, मैं उसके चारों ओर आग की शहरपनाह ठहरूँगा, और उसके बीच में तेजोमय होऊँगा।"
32. भाग्य के हर मोड़ को अब फिर से व्यवस्थित करें।
सभोपदेशक 3:1 — " हर एक बात का एक अवसर और प्रत्येक काम का, जो आकाश के नीचे होता है, एक समय है।"

33. मैं घोषणा करता हूँ कि मेरा परिश्रम मेरी फसल उत्पन्न करेगा।
यशायाह 65:21–22 — "वे घर बनाकर उनमें बसेंगे; वे दाख की बारियाँ लगाकर उनके फल खाएँगे।"
34. हे प्रभु, मेरे भाग्य को योद्धा स्वर्गदूतों से घेर ले।
भजन संहिता 34:7 — "यहोवा का दूत उसके डरवैयों के चारों ओर छावनी किए हुए उनको बचाता है ।"
35. मेरी आशीषों के बदले में मेरी हर शैतानी योजना विफल हो जाए।
अय्यूब 5:12 — "वह धूर्तों की युक्तियों को निष्फल कर देता है , और उनके हाथ अपने काम पूरे नहीं कर पाते।"
36. मैं हर बुरे जाल से अपना नाम और सितारा हटा लेता हूँ।
मीका 5:12 — "मैं तेरे हाथ से टोना-टोटका नाश करूँगा; और तेरे पास फिर कोई टोना-टोटका करनेवाला न रहेगा।"
37. प्रभु, भविष्य में होने वाले आक्रमणों के विरुद्ध यीशु के लहू से मेरे भाग्य पर मुहर लगा दीजिए।
प्रकाशितवाक्य 12:11 — "और वे मेम्ने के लहू के कारण, और अपनी गवाही के वचन के कारण, उस पर जयवन्त हुए।"
38. मेरी महिमा फिर किसी दूसरे को हस्तांतरित नहीं की जाएगी।
नहूम 1:9 — "तुम यहोवा के विरुद्ध क्या कल्पना करते हो? वह तो सब कुछ मिटा देगा; विपत्ति दूसरी बार पड़ने न पाएगी।"

39. मैं हर हेरफेर से अपनी दिव्य समय-सारिणी पुनः प्राप्त करता हूँ।
हबक्कूक 2:3 — "क्योंकि यह दर्शन नियत समय में पूरा होने वाला है... चाहे इसमें विलम्ब भी हो, तौभी इसकी बाट जोहते रहो; क्योंकि यह अवश्य पूरा होगा, इसमें देर न होगी।"
40. हे प्रभु, मेरे मूल भाग्य और सितारे को पुनर्स्थापित करने के लिए धन्यवाद।
भजन संहिता 126:3 — "यहोवा ने हमारे लिये बड़े बड़े काम किए हैं; जिन से हम आनन्दित हैं।"

दैनिक विजय घोषणा

यीशु मसीह के नाम पर, मैं घोषणा करता/करती हूँ: मेरे भाग्य को अब और नहीं बदला जाएगा, न ही बदला जाएगा, न ही बिगाड़ा जाएगा। जो कुछ भी चुराया गया है, वह सात गुना वापस मिल जाएगा। मेरा सितारा और भी ज़्यादा चमकेगा, मेरी भविष्यवाणी फिर से सक्रिय होगी, और मेरी महिमा सुरक्षित रहेगी। पवित्र आत्मा की अग्नि मेरे जीवन के विरुद्ध अंधकार के हर वेदी, पुजारी और अनुबंध को भस्म कर देगी। आमीन।

मध्यरात्रि की भविष्यवाणीपूर्ण कार्रवाई

1. *यशायाह 61:7 को* सात बार ऊँची आवाज़ में पढ़ें ।
2. अपना हाथ अपने सिर पर रखें और घोषणा करें: *"मेरे गौरव के मुकुट, आग में लौट आओ!"*
3. *भजन 35:1 को* तीन बार और *नीतिवचन 6:31 को* एक बार पढ़ें ।
4. अपने मूल भाग्य की पुनर्स्थापना के लिए ईश्वर को धन्यवाद दें।

दिन 5 - विलंब की जंजीरों को तोड़ना और अपनी दिव्य गति को सक्रिय करना

प्रारंभिक आह्वान प्रार्थना

पिता, यीशु मसीह के नाम में, मैं आज आपके समक्ष गति और पुनर्स्थापना के परमेश्वर के रूप में उपस्थित हूँ। मेरी भविष्यवाणी, तारे और नियति को रोकने वाली देरी की हर कड़ी, अब आग से टूट जाए। मेरी प्रगति को धीमा करने वाले हर राक्षसी कैलेंडर और शैतानी घड़ी को, मैं आपको जलाकर राख करने की आज्ञा देता हूँ। जैसे ही मैं प्रार्थना करता हूँ, मेरा तारा दिव्य गति से आगे बढ़े, और देरी का हर तीर सात गुना होकर प्रेषक के पास वापस लौटे, यीशु के नाम में।

विषय शास्त्र

- *हबक्कूक 2:3 – "क्योंकि इस दर्शन की बात नियत समय में पूरी होने वाली है... चाहे इसमें विलम्ब भी हो, तौभी इसकी बाट जोहते रहो; क्योंकि यह अवश्य पूरी होगी, इसमें देर न होगी।"*

- *1 राजा 18:46 – "यहोवा का हाथ एलिय्याह पर हुआ, और वह अपनी कमर बान्धकर अहाब के आगे आगे दौड़ा..."*
- *भजन संहिता 143:8 – "भोर को अपनी करूणा का समाचार मुझे सुना दे... जिस मार्ग से मुझे चलना चाहिए, वह मुझे बता दे; क्योंकि मैं अपना मन तेरी ओर लगाता हूँ।"*
- *यशायाह 60:22 – "... मैं यहोवा उसके समय पर यह सब शीघ्र करूंगा।"*
- *भजन संहिता 35:1 – "हे यहोवा, जो मेरे विरुद्ध झगड़ते हैं, उनसे झगड़; जो मेरे विरुद्ध लड़ते हैं, उनसे युद्ध कर।"*
- *भजन संहिता 7:9 – "दुष्टों की दुष्टता का अन्त हो; परन्तु धर्मियों को स्थिर कर..."*
- *निर्गमन 14:14 – "यहोवा तुम्हारे लिये लड़ेगा; तुम केवल चुपचाप रहो।"*

भजन पाठ क्रम

दिन 5 – शत्रु जाल से मुक्ति के लिए भजन

- भजन 9 (परमेश्वर राष्ट्रों को डांटता है, न्याय का सिंहासन) – 3×
- भजन संहिता 23 (प्रभु मेरा चरवाहा, प्रावधान और सुरक्षा है) – 3×
- भजन 46 (परमेश्वर हमारा शरणस्थान और संकट में सहायक है) – 3×
- भजन 64 (परमेश्वर गुप्त शत्रुओं पर अपना तीर चलाता है) – 3×
- भजन 86 (दया और शक्ति के लिए प्रार्थना) – 3×
- भजन 121 (स्वर्ग और पृथ्वी के निर्माता, प्रभु से सहायता) – 3×
- भजन 144 (अपने हाथों को युद्ध के लिए, उंगलियों को युद्ध के लिए प्रशिक्षित करना) – 3×
- यशायाह 49:24–26 (क्या वीर से शिकार छीना जा सकेगा? हाँ, छुटकारा अवश्य होगा) – 3×

40 युद्ध प्रार्थनाएँ और घोषणाएँ

खंड 1 – विलंब की जंजीरें टूटीं (1–10)

1. हे प्रभु, मेरे भाग्य को बाँधने वाली हर देरी की ज़ंजीर तोड़ डालो।
   यशायाह 45:2 — "मैं तेरे आगे-आगे चलूँगा और टेढ़े-मेढ़े रास्तों को सीधा करूँगा; मैं पीतल के फाटकों को तोड़ डालूँगा और लोहे के बेड़ों को टुकड़े-टुकड़े कर दूँगा।"
2. मेरी भविष्यवाणी को धीमा करने वाली हर शक्ति, आग से नष्ट हो जाए।
   नहूम 1:9 — "तुम यहोवा के विरुद्ध क्या कल्पना करते हो? वह तो सत्यानाश कर देगा; विपत्ति दूसरी बार पड़ने न पाएगी।"
3. हे परमेश्वर, मेरी गति को ईश्वरीय समय के अनुरूप बदल दे।
   यशायाह 60:22 — "थोड़ा सा एक हजार हो जाएगा और सब से दुर्बल एक सामर्थी जाति बन जाएगा। मैं यहोवा, ठीक समय पर यह सब शीघ्रता से पूरा करूँगा।"
4. मैं अपने जीवन में आने वाली हर शैतानी देरी को रद्द करता हूँ।
   कुलुस्सियों 2:14 — "उस ने उन विधियों के लेख को जो हमारे विरोध में थे और हमारे विरोध में थे, मिटा डाला, और उन्हें क्रूस पर कीलों से जड़कर मार्ग से हटा दिया।"

5. हर रुकावट का तीर भेजनेवाले को सात गुना लौटाया जाएगा।
   नीतिवचन 6:31 — "यदि वह मिल जाए, तो उसे सात गुना भर देना होगा; उसे अपने घर की सारी संपत्ति दे देनी होगी।"
6. हे प्रभु, मेरे दिव्य सहायकों को मुझे शीघ्र ढूँढ़ने में सहायता कर।
   भजन संहिता 46:5 — "परमेश्वर उसके बीच में है, वह कभी न टलेगी; परमेश्वर उसकी सहायता करेगा, और वह भी शीघ्र।"
7. मेरे भाग्य पथ पर आने वाली हर राक्षसी रुकावट, आग से साफ़ हो जाएगी।
   यशायाह 57:14 — "उठो, उठो, मार्ग सुधारो, मेरी प्रजा के मार्ग में से ठोकरें दूर करो।"
8. मैं अपने तारे को आज्ञा देता हूँ कि वह सब को पकड़ ले और बचा ले।
   1 शमूएल 30:8 — "पीछा कर, क्योंकि तू निश्चय उनको पकड़ लेगा, और निश्चय ही सब कुछ बचा ले आएगा।"
9. हे प्रभु, मेरी पूर्ति को दिव्य गति से तीव्र कर।
   1 राजा 18:46 — "और यहोवा का हाथ एलिय्याह पर हुआ, और वह अपनी कमर बान्धकर अहाब के आगे आगे दौड़ने लगा।"
10. धीमी प्रगति की ज़ंजीरें, अब टूट जाएँ।
    भजन संहिता 107:14 — "उसने उन्हें अंधकार और मृत्यु की छाया से निकाला, और उनके बन्धन तोड़ डाले ।"

खंड 2 – पैतृक और आध्यात्मिक विलंब को तोड़ना (11–20)

11. हर दुष्ट हाथ जो मेरी सफलता पर रोक लगाता है, आग से सूख जाता है।
    1 राजा 13:4 - "राजा ने अपना हाथ बढ़ाया... और उसका हाथ, जो उसने उसके विरुद्ध बढ़ाया था, सूख गया।"
12. हे प्रभु, मेरा नाम देर से सफलता पाने वालों की सूची से हटा दीजिए।
    यशायाह 62:2 — "और अन्यजाति लोग तेरा धर्म और सब राजा तेरी महिमा देखेंगे, और तेरा एक नया नाम रखा जाएगा।"
13. मेरे मार्ग में आने वाली हर शैतानी बाधा में आग लग जाए।
    यिर्मयाह 51:25 — "हे नाश करनेवाले पहाड़, हे सारी पृथ्वी के
    नाश करनेवाले , यहोवा की यह वाणी है, देख, मैं तेरे विरुद्ध हूँ ; और मैं अपना हाथ तेरे ऊपर बढ़ाकर तुझे लुढ़का दूँगा।"
14. मैं पवित्र आत्मा की शक्ति से अपने खोए हुए वर्ष पुनः प्राप्त करता हूँ।
    योएल 2:25 — "और मैं तुम्हारे उन वर्षों को जो टिड्डियों ने खा लिए हैं, फेर दूँगा।"
15. हे प्रभु, मेरे पैरों को हरिणियों के समान शक्ति प्रदान कर ताकि मैं अपने भाग्य की ओर दौड़ सकूँ।

हबक्कूक 3:19 — "यहोवा परमेश्वर मेरा बल है, वह मेरे पैरों को हरिणियों के समान बना देगा, और मुझे अपने ऊँचे स्थानों पर चलाएगा।"

16. मेरे विवाह, करियर या सेवकाई में देरी करने वाली हर आध्यात्मिक बाधा अब टूट जाए।
    यशायाह 45:1 — "यहोवा अपने अभिषिक्त से यों कहता है... कि उसके साम्हने फाटक खोल दे; और फाटक बन्द न किए जाएँ।"
17. हे प्रभु, इस ऋतु में मेरी आशीषों को समेट दे।
    आमोस 9:13 — "देखो, यहोवा की यह वाणी है, ऐसे दिन आते हैं जब हल जोतनेवाला काटनेवाले को और दाख रौंदनेवाला बीज बोनेवाले को जा लेगा।"
18. पूर्वजों की देरी की हर ज़ंजीर आग से चकनाचूर हो जाए।
    गलतियों 3:13 — "मसीह ने हमारे लिए खुद श्रापित बनकर, हमें व्यवस्था के श्राप से छुड़ाया है।"
19. हे प्रभु, मुझे मेरे प्रकटीकरण के समय में धकेल।
    रोमियों 8:19 — "क्योंकि सृष्टि बड़ी आशाभरी दृष्टि से परमेश्वर के पुत्रों के प्रगट होने की बाट जोह रही है ।"
20. जो वेदी देर से बनी है, उसे अभी आग पकड़नी चाहिए।
    1 राजा 18:38 — "तब यहोवा की आग भड़की और होमबलि, लकड़ी, पत्थर और धूल सब को भस्म कर दिया।"

खंड 3 - त्वरण और ओवरटेकिंग अनुग्रह (21–30)

21. मेरी भविष्यवाणी बिना किसी बाधा के पूरी हो।
    यहेजकेल 12:28 — "प्रभु यहोवा यों कहता है, मेरे किसी वचन के पूरा होने में अब विलम्ब न होगा, परन्तु जो वचन मैं ने कहा है, वह पूरा होगा।"
22. हे प्रभु, मुझे समय से पहले ही दिव्य संपर्क प्रदान कर।
    उत्पत्ति 24:15 — "और ऐसा हुआ कि उसके यह कहने से पहले ही... रिबका बाहर आ गई।"
23. मैं अपने भाग्य में आगे चलने वालों को ईश्वरीय गति से आगे निकल जाता हूँ।
    1 राजा 18:46 - "और यहोवा का हाथ एलिय्याह पर हुआ, और वह अपनी कमर बान्धकर अहाब के आगे आगे दौड़ने लगा।"
24. मेरे आशीर्वाद, जो बन्धुआई में हैं, अब भागकर मुझे ढूँढ़ लो।
    ओबद्याह 1:17 — "परन्तु सिय्योन पर्वत पर उद्धार होगा, और पवित्रता होगी; और याकूब का घराना अपनी निज भूमि का अधिकारी होगा।"
25. हे प्रभु, मुझे जीवन के सभी क्षेत्रों में असाधारण गति प्रदान करें।
    भजन संहिता 18:29 — "क्योंकि तेरी सहायता से मैं सेना

पर से भागा, और अपने परमेश्वर की सहायता से शहरपनाह को फांद गया।"

26. मैं "लगभग वहाँ" वाली भावना को अस्वीकार करता हूँ, लेकिन "कभी वहाँ" नहीं।
    व्यवस्थाविवरण 1:6 — "हमारे परमेश्वर यहोवा ने होरेब के पास हम से कहा , 'तुम इस पर्वत पर बहुत दिन से रहते आए हो।'"
27. मुझे अतीत की असफलताओं से बाँधने वाली हर ज़ंजीर अब तोड़ दो।
    यशायाह 43:18–19 — "बीती हुई बातों का स्मरण मत करो, न पुरानी बातों पर मन लगाओ। देखो, मैं एक नई बात करूँगा।"
28. मैं यह निश्चय करता हूँ कि मेरे भाग्य में अब और देरी नहीं होगी।
    अय्यूब 42:12 — "इस प्रकार यहोवा ने अय्यूब के पिछले दिनों में उसके पहले दिनों से अधिक आशीष दी।"
29. हे प्रभु, मेरे जीवन को ईश्वरीय समय और व्यवस्था के अनुसार व्यवस्थित कर।
    सभोपदेशक 3:1 — " हर एक बात का एक अवसर और प्रत्येक काम का, जो आकाश के नीचे होता है, एक समय है।"
30. मेरी प्रगति में बाधा डालने वाली हर राक्षसी चौकी, तितर-बितर हो जाओ।
    मीका 2:13 — "फाटक तोड़नेवाला उनके आगे आ गया है; वे फाटक तोड़कर निकल गए हैं।"

खंड 4 – दिव्य गति मुहरबंद (31–40)

31. मैं अपने जीवन में विलंब की हर भावना को बाँधता हूँ।
    मत्ती 18:18 — "जो कुछ तुम पृथ्वी पर बाँधोगे, वह स्वर्ग में भी बंधेगा; और जो कुछ तुम पृथ्वी पर खोलोगे, वह स्वर्ग में भी खुलेगा।"
32. हे मेरे तारे, बिजली की गति से पूर्णता की ओर बढ़।
    भजन संहिता 147:15 — "वह पृथ्वी पर अपनी आज्ञा भेजता है ; उसका वचन अति वेग से दौड़ता है ।"
33. मैं शत्रु के भण्डार में रुकी हुई हर आशीष को पुनः प्राप्त करता हूँ।
    यशायाह 45:3 — "और मैं तुझे अन्धकार का भण्डार और गुप्त स्थानों में छिपा हुआ धन दूँगा।"
34. हे प्रभु, मुझे सफलता दिलाने के लिए अपने तेज़ रफ़्तार स्वर्गदूतों को भेज।
    इब्रानियों 1:14 — "क्या ये सब सेवा टहल करनेवाली आत्माएँ नहीं हैं, जो उद्धार पानेवालों की सेवा करने को भेजी जाती हैं?"
35. मेरे सब शत्रुओं को मेरा आगे बढ़ना दिखाई दे।
    भजन संहिता 23:5 — "तू मेरे शत्रुओं के साम्हने मेरे लिये मेज बिछाता है।"
36. विलंब की हर बुरी भविष्यवाणी लहू के द्वारा निष्फल हो जाती है।

विलापगीत 3:37 — "वह कौन है जो कहता है, और वह हो जाता है, जब प्रभु आज्ञा नहीं देता?"

37. हे प्रभु, मुझे ईश्वरीय गति का प्रतीक बना।
    यशायाह 8:18 — "देख, मैं और जो लड़के यहोवा ने मुझे दिए हैं, वे इस्राएल में चिन्ह और चमत्कार हैं।"
38. मैं आज्ञा देता हूँ कि मेरे विलम्ब का समय अब समाप्त हो जाए।
    निर्गमन 12:41 — "उसी दिन... यहोवा की सारी सेना मिस्र देश से निकल गई।"
39. हे मेरे तेज, उठ और बिना विलम्ब चमक।
    यशायाह 60:1 — "उठ, प्रकाशमान हो; क्योंकि तेरा प्रकाश आ गया है, और यहोवा का तेज तेरे ऊपर उदय हुआ है।"
40. हे प्रभु, विलंब को समाप्त करने और मुझे दिव्य गति प्रदान करने के लिए धन्यवाद।
    भजन संहिता 126:3 — "यहोवा ने हमारे लिये बड़े बड़े काम किए हैं; जिन से हम आनन्दित हैं।"

दैनिक विजय घोषणा

यीशु मसीह के शक्तिशाली नाम में, मैं घोषणा करता/करती हूँ: मेरी देरी समाप्त हो गई है। मेरी ज़ंजीरें टूट गई हैं। मेरी भविष्यवाणी सक्रिय हो गई है। मेरा तारा दिव्य गति से गतिमान है। ठहराव का हर तीर सात गुना होकर वापस लौटता है। मेरा भाग्य दिव्य समय के साथ संरेखित है, और मेरी गति अजेय है। आमीन।

मध्यरात्रि की भविष्यवाणीपूर्ण कार्रवाई

1. *यशायाह 60:22 को* सात बार पढ़ें ।
2. एक मिनट तक एक ही स्थान पर दौड़ें और घोषणा करें:
   "मैं अपने जीवन के हर क्षेत्र में दिव्य गति प्राप्त करता हूँ!"
3. *भजन 35:1 को* तीन बार और *हबक्कूक 2:3 को* एक बार प्रार्थना करें ।
4. ईश्वर को धन्यवाद कि उन्होंने आपको गति के इस दौर में प्रवेश कराया।

दिन 6 - बुरे बागानों को उखाड़ना और अपने सितारे को चमकने देना

प्रारंभिक आह्वान प्रार्थना

पिता, यीशु मसीह के नाम में, मैं आपके सामने एक ऐसे व्यक्ति के रूप में आता हूँ जो अच्छे बीज बोता है और अंधकार के कार्यों को जड़ से उखाड़ फेंकता है। मेरे जीवन, शरीर, परिवार या भाग्य में हर बुरे पौधे को—चाहे वह बीमारी हो, असफलता हो, देरी हो, या राक्षसी प्रदूषण हो—अब आग से उखाड़ फेंको। मेरा सितारा, जो छिपा हुआ है या दफ़न है, फूट पड़े और पहले से कहीं ज़्यादा चमके। मेरे प्रकाश को मंद करने के लिए चलाया गया हर तीर, यीशु के नाम में, सात गुना होकर भेजने वाले के पास वापस लौटे।

विषय शास्त्र

- *मत्ती 15:13 – "हर पौधा जो मेरे स्वर्गीय पिता ने नहीं लगाया, उखाड़ दिया जाएगा।"*

- *यशायाह 60:1 – "उठ, प्रकाशमान हो; क्योंकि तेरा प्रकाश आ गया है, और यहोवा का तेज तेरे ऊपर उदय हुआ है।"*
- *भजन संहिता 143:9 – "हे यहोवा, मुझे मेरे शत्रुओं से बचा ले; मैं तेरे पास भागकर छिपने को आया हूँ।"*
- *अय्यूब 22:28 – "तू जो ठान ले, वह तुझ पर स्थिर हो जाएगी, और तेरे मार्गों पर प्रकाश चमकेगा।"*
- *भजन संहिता 35:1 – "हे यहोवा, जो मेरे विरुद्ध झगड़ते हैं, उनसे झगड़; जो मेरे विरुद्ध लड़ते हैं, उनसे युद्ध कर।"*
- *भजन संहिता 7:9 – "दुष्टों की दुष्टता का अन्त हो; परन्तु धर्मियों को स्थिर कर..."*
- *यशायाह 54:17 – "तेरी हानि के लिये बनाया गया कोई भी हथियार सफल न होगा..."*

भजन पाठ क्रम

दिन 6 – बुरी वाचाओं को तोड़ने के लिए भजन

- भजन 11 (नींव हिल गई, प्रभु अपने सिंहासन पर) – 3×
- भजन संहिता 24 (हे फाटकों, अपने सिर ऊंचे करो) – 3×
- भजन 42 (गहरा गहरा को पुकारता है, आत्मा की पुनर्स्थापना) – 3×
- भजन 68 (परमेश्वर उठें, शत्रु तितर-बितर हो जाएँ) – 3×
- भजन 89 (दाऊद के प्रति परमेश्वर की वाचा और विश्वासयोग्यता) – 3×
- भजन 125 (दुष्टों का राजदण्ड शांत नहीं होगा) – 3×
- भजन 150 (विजय के उपकरणों के साथ युद्ध की स्तुति) – 3×
- यशायाह 61:1–7 (राख के बदले सुन्दरता, दुगना भाग सुधार) – 3×

40 युद्ध प्रार्थनाएँ और घोषणाएँ

खंड 1 – बुरे बागानों को उखाड़ना (1–10)

1. हे प्रभु, मेरे जीवन में शत्रु द्वारा बोए गए हर बुरे बीज को उखाड़ फेंक।
   मत्ती 15:13 — "हर पौधा जो मेरे स्वर्गीय पिता ने नहीं बोया है, जड़ से उखाड़ दिया जाएगा।"
2. मेरी नींव में जो भी शैतानी पौधा है, उसे आग से नष्ट कर दिया जाए।
   भजन संहिता 11:3 — "यदि नींव ही गिरी रहे, तो धर्मी क्या कर सकेगा?"
3. हे प्रभु, मेरी आत्मा, प्राण और शरीर में से हर बुराई को बाहर निकाल दे।
   2 तीमुथियुस 2:21 - "यदि कोई अपने आप को इन से शुद्ध कर ले, तो वह आदर का पात्र , और पवित्र ठहरेगा, और स्वामी के काम आएगा, और हर एक भले काम के लिये तैयार होगा।"
4. मैं अपने तारे को आज्ञा देता हूँ कि वह हर आवरण को तोड़कर अलग हो जाए।
   यशायाह 60:1 — "उठ, प्रकाशमान हो; क्योंकि तेरा प्रकाश आ गया है, और यहोवा का तेज तेरे ऊपर उदय हुआ है।"
5. मेरे भाग्य पर चलाए गए अंधकार के हर तीर का सात गुना असर होगा।

भजन संहिता 7:16 — "उसकी बुराई उसके ही सिर पर लौट आएगी, और उसका उपद्रव उसके ही सिर पर पड़ेगा।"

6. हे प्रभु, मेरे जीवन के हर दुष्ट माली को बेनकाब और अपमानित कर।
   अय्यूब 5:12 — "वह धूर्तों की युक्तियों को व्यर्थ कर देता है , और उनके हाथ अपने काम पूरे नहीं कर पाते।"
7. मैं अपने उन सद्गुणों को पुनः प्राप्त करता हूँ जो बुरे बागानों में दबे हुए थे।
   यहेजकेल 37:12 — "प्रभु यहोवा यों कहता है; हे मेरी प्रजा, देखो, मैं तुम्हारी कब्रें खोलूँगा, और तुम को तुम्हारी कब्रों से निकालूँगा, और तुम्हें इस्राएल के देश में ले आऊँगा।"
8. हे प्रभु, मेरे जीवन से हर दुष्टात्मा की जड़ को जला डालो।
   मलाकी 4:1 — "क्योंकि देखो, वह दिन आता है जो तंदूर की नाईं धधकेगा; और सब अभिमानी और सब दुष्टता करनेवाले, सब भूसा बन जाएँगे।"
9. हे मेरे तारे, उठ और अंधकार के पार चमक।
   यशायाह 60:1 — "उठ, प्रकाशमान हो; क्योंकि तेरा प्रकाश आ गया है, और यहोवा का तेज तेरे ऊपर उदय हुआ है।"
10. मेरे प्रकाश को मंद करने की हर गुप्त योजना नष्ट हो जाए।
    यशायाह 8:10 — "तुम्हारी युक्ति
    व्यर्थ होगी ; तुम वचन कहो, परन्तु वह ठहरेगा नहीं; क्योंकि परमेश्वर हमारे संग है।"

खंड 2 – बुरे फलों और जड़ों का विनाश (11–20)

11. मैं अपने जीवन के हर बुरे फल को अभी मुरझाने की आज्ञा देता हूँ। मरकुस 11:14 — "यीशु ने
    उसको उत्तर दिया , कि अब से कभी कोई तेरा फल न खाए ।"
12. हे प्रभु, तेरा प्रकाश अंधकार के हर छिपे हुए काम को उजागर कर दे।
    इफिसियों 5:13 — "परन्तु जितनी बातें उलाहना देती हैं, वे सब ज्योति से प्रगट होती हैं।"
13. मैं अपने बुरे पौधों को सींचने के लिए नियुक्त हर शक्ति को बाँधता हूँ।
    मत्ती 18:18 — "जो कुछ तुम पृथ्वी पर बाँधोगे, वह स्वर्ग में भी बंधेगा।"
14. हे प्रभु, मेरे जीवन में धार्मिकता और महिमा के बीज बो दीजिए।
    भजन संहिता 1:3 — "वह उस वृक्ष के समान होगा जो बहती नालियों के किनारे लगाया गया है, और अपनी ऋतु पर फल देता है।"
15. मेरे जीवन में बुराई के बीज को पोषित करने वाली हर वेदी में आग लग जाए।
    1 राजा 18:38 - "तब यहोवा की आग उतरी और होमबलि, लकड़ी, पत्थर और धूल को भस्म कर दिया।"

16. मैं अपने तारे को अप्रकट, अजेय और अमिट घोषित करता हूँ।
अय्यूब 22:28 — "तू जो ठान ले, वह तुझ पर स्थिर हो जाएगी, और तेरे मार्गों पर प्रकाश चमकेगा।"
17. मेरी भविष्यवाणी को ढकने वाला हर अंधकार आग से साफ़ हो जाएगा।
यशायाह 25:7 — "और वह इसी पर्वत पर सब देशों के लोगों पर पड़े हुए आवरण को और सब जातियों पर पड़े हुए घूंघट को नष्ट कर देगा।"
18. हे प्रभु, मेरी मूल दिव्य सुंदरता और चमक लौटा दो।
यशायाह 62:3 — "तू यहोवा के हाथ में एक शोभायमान मुकुट और अपने परमेश्वर के हाथ में राजमुकुट ठहरेगा।"
19. मैं अपने भाग्य में हर शैतानी पौधे के स्थायी नाश का आदेश देता हूँ।
नहूम 1:9 — "विपत्ति दूसरी बार न पड़ेगी।"
20. मेरे जीवन में बुराई बोने वाली हर शक्ति, अपनी फसल खुद खाओ।
भजन संहिता 7:16 — "उसकी बुराई उसके ही सिर पर लौट आएगी, और उसका उपद्रव उसके ही सिर पर पड़ेगा।"

खंड 3 - तारे की पुनर्प्राप्ति (21–30)

21. मैं अपनी नियति को हर बुरी जड़ से छुड़ाता हूँ।
यिर्मयाह 1:10 — "देख, मैं ने आज के दिन तुझे जातियों

और राज्यों पर अधिकारी ठहराया है; कि तू उन्हें जड़ से उखाड़ दे, ढा दे, नाश करे, काट डाले, बनाए और रोपे।"

22. हे प्रभु, मेरा नाम विनाश के लिए चुने गए लोगों की सूची से हटा दे।
भजन संहिता 69:28 — "उनका नाम जीवितों की पुस्तक में से मिटा दिया जाए, और धर्मियों के साथ न लिखा जाए।"
23. मेरे तारे को छिपाने की हर साज़िश को आग से बिखेर दो।
भजन संहिता 68:1 — "परमेश्वर उठे, उसके शत्रु तितर-बितर हो जाएँ; जो उससे बैर रखते हैं, वे उसके साम्हने से भाग जाएँ।"
24. मैं अपने जीवन में छिपी हुई सभी आशीषों को ईश्वरीय रूप से प्रकट करने की आज्ञा देता हूँ।
यशायाह 45:3 — "और मैं तुझे अंधकार में छिपे हुए खज़ाने और गुप्त स्थानों में छिपे हुए धन दूँगा।"
25. हे प्रभु, मेरे तारे को स्वर्गीय स्थानों में स्थापित कर जहाँ उसे छुआ न जा सके।
इफिसियों 2:6 — "और हमें मसीह यीशु में उसके साथ उठाया और स्वर्गीय स्थानों में उसके साथ बैठाया।"
26. मैं अपने तारे पर से हर बुरी परत को हटा देता हूँ।
जकर्याह 3:4 — "उसके मैले वस्त्र उतार दे... देख, मैं ने तेरे अधर्म को तुझ से दूर कर दिया है।"
27. मेरा प्रकाश शत्रु द्वारा कभी नहीं बुझाया जाएगा।
यूहन्ना 1:5 — "और ज्योति अन्धकार में चमकती है, परन्तु अन्धकार उसे ग्रहण नहीं कर पाता।"

28. हे प्रभु, मेरा पुनः प्राप्त तारा मेरे भाग्य को सकारात्मक रूप से प्रभावित करना शुरू करे।
उत्पत्ति 1:16 — "और परमेश्वर ने दो बड़ी ज्योतियाँ बनाईं; एक बड़ी ज्योति दिन पर प्रभुता करने के लिये, और दूसरी छोटी ज्योति रात पर प्रभुता करने के लिये; और उसने तारे भी बनाए।"
29. मेरे भाग्य के हर दुष्ट किसान को आग में डाल दिया जाए।
मीका 5:12 — "और मैं तेरे हाथ से टोना-टोटका नाश करूँगा; और तेरे पास फिर कोई टोना-टोटका करनेवाला न रहेगा।"
30. मैं अपने स्वप्न में किए गए हर बुरे रोपण को उलट देता हूँ।
अय्यूब 33:15–16 — "स्वप्न में, वा रात के दर्शन में... वह मनुष्यों के कान खोलता है , और उनकी शिक्षा पर मुहर लगाता है ।"

खंड 4 – सितारा पुनर्स्थापित और चमक रहा है (31–40)

31. हे प्रभु, भविष्य में मेरे भविष्य की रक्षा के लिए अपने स्वर्गदूतों को भेजिए।
भजन संहिता 91:11 — "क्योंकि वह अपने दूतों को तेरे निमित्त नियुक्त करेगा, कि वे तेरे सब मार्गों में तेरी रक्षा करें।"

32. हे मेरे पुनः प्राप्त हुए तारे, जाति-जाति और पीढ़ियों पर चमको।
यशायाह 60:3 — "और अन्यजातियाँ तेरे प्रकाश की ओर और राजा तेरे आरोहण के प्रताप की ओर आएंगे।"
33. मेरे शरीर में जो भी छिपी हुई बीमारियाँ हैं, वे अब नाश हो जाएँ।
यिर्मयाह 30:17 — "क्योंकि मैं तुझे चंगा करूँगा, और तेरे घावों को चंगा करूँगा, यहोवा की यही वाणी है।"
34. हे प्रभु, मेरे जीवन को पवित्र आत्मा की नदियों से सींच।
यूहन्ना 7:38 — "जो मुझ पर विश्वास करता है, जैसा पवित्रशास्त्र में आया है, उसके हृदय में से जीवन के जल की नदियाँ बह निकलेंगी।"
35. मैं अपने जीवन में जादू-टोने के हर बीज का समूल नाश करने का आदेश देता हूँ।
निर्गमन 22:18 — "तू किसी डायन को जीवित न रहने देना।"
36. मेरी ज्योति इतनी तेज़ चमके कि अंधकार भाग जाए।
मत्ती 5:14 — "तुम जगत की ज्योति हो। जो नगर पहाड़ पर बसा है वह छिप नहीं सकता।"
37. हे प्रभु, मेरे तारे को ऐसा बना कि वह मुझे महान लोगों के सामने स्मरण दिलाए।
नीतिवचन 18:16 — "दान मनुष्य के लिए मार्ग प्रशस्त करता है , और उसे महान लोगों के सामने लाता है।"
38. मैं कभी भी वह फसल नहीं काटूँगा जो परमेश्वर ने मेरे जीवन में नहीं बोई है। भजन संहिता 126:5–6 — "जो

आँसू बहाते
हुए बोते हैं, वे आनन्द से कटेंगे। जो बहुमूल्य बीज लेकर रोता हुआ निकलेगा , वह निश्चय आनन्दित होकर लौटेगा।"

39. मेरा सितारा फिर कभी बुरे बागानों के नीचे दब नहीं जाएगा।
    यशायाह 61:3 — "सिय्योन के विलाप करनेवालों के लिए राख की जगह सुन्दरता, विलाप की जगह हर्ष का तेल और उनकी उदासी दूर करके स्तुति का वस्त्र ओढ़ाऊँ।"
40. हे प्रभु, हर बुरे पौधे को उखाड़ फेंकने और मेरी चमक लौटाने के लिए तेरा धन्यवाद।
    भजन संहिता 126:3 — "यहोवा ने हमारे लिये बड़े बड़े काम किए हैं; जिन से हम आनन्दित हैं।"

दैनिक विजय घोषणा

यीशु मसीह के शक्तिशाली नाम में, मैं घोषणा करता/करती हूँ: मेरे जीवन के हर बुरे बीज, जड़ और पौधे को आग से उखाड़ दिया जाता है। मेरा सितारा पूरी चमक के साथ चमकने के लिए मुक्त हो गया है। अंधकार का हर तीर सात गुना होकर भेजने वाले के पास वापस लौट जाता है। मेरा भाग्य फलेगा-फूलेगा, मेरी भविष्यवाणी साकार होगी, और मेरा प्रकाश फिर कभी नहीं छुपेगा। आमीन।

मध्यरात्रि की भविष्यवाणीपूर्ण कार्रवाई

1. *मत्ती 15:13 को* सात बार ऊँची आवाज़ में पढ़ें ।
2. भविष्यवाणी करते हुए ज़मीन पर अपना पैर पटकें और घोषणा करें: *"मेरे जीवन से हर बुराई का बीज, अब उखाड़ फेंको!"*
3. *भजन 35:1 को* तीन बार और *यशायाह 60:1 को* एक बार प्रार्थना करें ।
4. अपने प्रकाश और महिमा को पुनः स्थापित करने के लिए परमेश्वर को धन्यवाद।

दिन 7 - बुरे फैसलों को फिर से लिखना और अपनी दिव्य भविष्यवाणी को लागू करना

प्रारंभिक आह्वान प्रार्थना

पिता, यीशु मसीह के नाम में, मैं आपके समक्ष समस्त पृथ्वी के धर्मी न्यायाधीश के रूप में उपस्थित हूँ। मेरे जीवन, मेरी भविष्यवाणी और मेरे सितारे के विरुद्ध जारी किए गए हर बुरे फैसले, आदेश, घोषणा या निर्णय को—चाहे वह जादू-टोना अदालतों, समुद्री न्यायाधिकरणों, पैतृक तीर्थस्थलों या शैतानी गुटों से हो—मैं अब यीशु के लहू से आपके सामने पलट देता हूँ। मेरे विरुद्ध लिखे गए अध्यादेशों को मिटा दिया जाए, और मेरी दिव्य भविष्यवाणी शीघ्रता से पूरी हो। मेरे भाग्य पर छोड़े गए हर तीर और श्राप को, मैं यीशु के नाम में, सात गुना करके भेजने वाले को लौटाता हूँ।

विषय शास्त्र

- *कुलुस्सियों 2:14 – "और हमारे विरोध में लिखी हुई विधियों को मिटा डाला... और उसे क्रूस पर कीलों से जड़कर अपने मार्ग से हटा दिया।"*
- *यशायाह 43:26 – "मुझे स्मरण करो; हम आपस में विवाद करें; तू अपना वचन कह, कि तू धर्मी ठहरे।"*
- *भजन संहिता 143:12 – "और अपनी करूणा से मेरे शत्रुओं को नाश कर डाल, और मेरे प्राणों को दु: ख देने वालों को नाश कर डाल; क्योंकि मैं तेरा दास हूँ।"*
- *भजन संहिता 35:1 – "हे यहोवा, जो मेरे विरुद्ध झगड़ते हैं, उनसे झगड़; जो मेरे विरुद्ध लड़ते हैं, उनसे युद्ध कर।"*
- *भजन संहिता 7:9 – "दुष्टों की दुष्टता का अन्त हो; परन्तु धर्मियों को स्थिर कर..."*
- *यशायाह 54:17 – "तेरी हानि के लिये बनाया गया कोई भी हथियार सफल न होगा..."*
- *विलापगीत 3:34–36 – "... किसी मनुष्य के मुकद्दमे में उसे पराजित करना, यहोवा को अच्छा नहीं लगता ।"*

भजन पाठ क्रम

दिन 7 – अंतिम विजय और मुहरबंदी के लिए भजन

- भजन संहिता 2 (परमेश्वर उन राष्ट्रों पर हँसता है जो व्यर्थ षड्यंत्र रचते हैं) – 3×
- भजन 29 (प्रभु की वाणी जल पर गरजती है) – 3×
- भजन 66 (परमेश्वर हमें परखता है, परन्तु हमें बहुतायत से निकालता है) – 3×
- भजन 91 (सुरक्षा के मुहरबंद भजन की पुनरावृत्ति) – 3×
- भजन 110 (मेरे दाहिने हाथ बैठ, शत्रु तेरे पांवों तले रहें) – 3×
- भजन 149 (उच्च प्रशंसा + प्रतिशोध के लिए दोधारी तलवार) – 3×
- भजन 150 (धन्यवाद और युद्ध स्तुति की अंतिम मुहर) – 3×
- यशायाह 62:1–7 (जब तक यरूशलेम स्थापित न हो जाए, तब तक कोई विश्राम नहीं, महिमा के मुकुट) – 3×

40 युद्ध प्रार्थनाएँ और घोषणाएँ

खंड 1 – बुरे फैसलों को रद्द करना (1–10)

1. यीशु का लहू, मेरे भाग्य के विरुद्ध हर बुरे फैसले को मिटा दे।
   कुलुस्सियों 2:14 — "उस ने उन विधियों के लेखों को जो हमारे विरोध में थे और हमारे विरोध में थे, मिटा डाला, और उन्हें क्रूस पर कीलों से जड़कर मार्ग से हटा दिया।"
2. मैं अपनी भविष्यवाणी का विरोध करने वाले हर शैतानी आदेश को पलट देता हूँ।
   यशायाह 43:26 — "मुझे स्मरण करो: आओ हम आपस में बहस करें: तू घोषणा कर, कि तू धर्मी ठहरे।"
3. हे प्रभु, मेरे विरुद्ध हर बुरा न्याय अब निष्फल हो।
   विलापगीत 3:34–36 — "पृथ्वी के सब बन्दियों को अपने पाँव तले कुचलना, परमप्रधान के सामने किसी मनुष्य का अधिकार नष्ट करना , किसी मनुष्य के मुकद्दमे में उसे पराजित करना, यहोवा को अच्छा नहीं लगता ।"
4. मेरे जीवन पर बैठी हर शैतानी अदालत आग से बिखर जाए।
   भजन संहिता 68:1 — "परमेश्वर उठे, उसके शत्रु तितर-बितर हो जाएँ; जो उससे बैर रखते हैं, वे उसके साम्हने से भाग जाएँ।"
5. मैं हर बुरे मुकदमे से अपनी चुराई हुई आशीषें वापस पा लेता हूँ।

ओबद्याह 1:17 — "परन्तु सिय्योन पर्वत पर उद्धार होगा , और पवित्रता होगी; और याकूब का घराना अपनी निज भूमि का अधिकारी होगा।"

6. मेरे सितारे को बाँधने वाले हर पैतृक फैसले को अब तोड़ दो।

   गलतियों 3:13 — "मसीह ने स्वयं हमारे लिए श्रापित बनकर, हमें व्यवस्था के श्राप से छुड़ाया है।"

7. हे प्रभु, अपनी दिव्य योजना के अनुसार मेरे भाग्य को फिर से लिखो।

   यिर्मयाह 29:11 — "क्योंकि यहोवा की यह वाणी है, कि मैं जो कल्पनाएँ तुम्हारे विषय करता हूँ उन्हें मैं जानता हूँ, वे हानी की नहीं, वरन कुशल की हैं, और अन्त में तुम्हारी आशा पूरी करूँगा।"

8. मेरे विषय में की गई हर बुरी भविष्यवाणी उलट दी जाए।

   यशायाह 44:25 — "जो झूठे लोगों के चिन्हों को व्यर्थ कर देता और भावी कहनेवालों को बावला कर देता है ; जो बुद्धिमानों को पीछे हटा देता और उनकी ज्ञान की बातें मूर्खता ठहराता है ।"

9. मैं अपने जीवन के विषय में परमेश्वर के वचन को बिना विलम्ब के लागू करता हूँ।

   यहेजकेल 12:28 — "प्रभु यहोवा यों कहता है, मेरे किसी वचन के पूरा होने में अब विलम्ब न होगा, परन्तु जो वचन मैं ने कहा है, वह पूरा होगा।"

10. शत्रु के न्याय के तीर, भेजनेवाले के पास सात गुना होकर लौटेंगे।

भजन संहिता 7:16 — "उसकी बुराई उसके ही सिर पर लौट आएगी, और उसका उपद्रव उसके ही सिर पर पड़ेगा।"

धारा 2 – आरोप लगाने वालों को चुप कराना (11–20)

11. हे प्रभु, आत्मिक क्षेत्र में हर दोष लगाने वाली आवाज़ को चुप करा दो।
    प्रकाशितवाक्य 12:10-11 — "क्योंकि हमारे भाइयों पर दोष लगानेवाला गिरा दिया गया... और उन्होंने मेम्ने के लहू के कारण, और अपनी गवाही के वचन के कारण, उस पर जयवन्त किया।"
12. मैं अपने विरुद्ध की गई हर बुरी युक्ति को निष्फल कर देता हूँ।
    भजन संहिता 33:10 — "यहोवा अन्यजातियों की युक्ति को निष्फल कर देता है ; वह देश देश के लोगों की युक्तियों को निष्फल कर देता है ।"
13. मेरे विरुद्ध बोलने वाले प्रत्येक शैतानी वकील को आग से चुप करा दिया जाए। यशायाह 8:10 — "तुम सब मिलकर युक्ति करो, परन्तु वह
    व्यर्थ होगी ; तुम वचन कहो, परन्तु वह ठहरेगा नहीं; क्योंकि परमेश्वर हमारे संग है।"
14. हे प्रभु, अपने धर्मी न्याय से हर जादू-टोने के फैसले को रद्द कर दीजिए।

भजन संहिता 103:6 — "यहोवा सब पिसे हुए लोगों के लिये धर्म और न्याय के काम करता है।"

15. मेरे पतन का समर्थन करने वाले किसी भी बुरे हस्ताक्षर को लहू से मिटा दिया जाए।
    कुलुस्सियों 2:14 — "और हमारे विरुद्ध विधियों के लिखे हुए को मिटा डाला... और उसे क्रूस पर चढ़ा दिया।"
16. मैं हर शैतानी अदालत से अपना मुकुट वापस पा लेता हूँ।
    प्रकाशितवाक्य 3:11 — "देख, मैं शीघ्र आनेवाला हूँ; जो कुछ तेरे पास है उसे थामे रह, कि कोई तेरा मुकुट छीन न ले।"
17. हे प्रभु, वचनों और विधियों के हर युद्ध में मुझे निर्दोष ठहरा।
    यशायाह 54:17 — "जितने हथियार तेरे विरुद्ध बनाए जाएँ, उन में से कोई सफल न होगा; और जितने लोग मुक़द्दमा लड़कर तुझ पर दोष लगाएँ, उन सभों को तू दोषी ठहराएगा।"
18. मेरे जीवन के विरुद्ध उठाया गया हर राक्षसी हथौड़ा आग से टूट जाए।
    यिर्मयाह 23:29 — "क्या मेरा वचन आग के समान नहीं है? यहोवा की यह वाणी है, और क्या वह हथौड़े के समान नहीं है जो चट्टान को तोड़ डालता है ?"
19. हे प्रभु, मेरे जीवन से जुड़े हर मामले में मुझे अंतिम वचन दे।
    भजन संहिता 119:89 — " हे यहोवा, तेरा वचन सदा स्वर्ग में स्थिर रहता है।"
20. मैं अपने ऊपर लगाए गए हर तरह के असफलता के लेबल को अस्वीकार करता हूँ।

यशायाह 62:2 — "और अन्यजाति लोग तेरा धर्म और सब राजा तेरी महिमा देखेंगे, और तेरा एक नया नाम रखा जाएगा।"

खंड 3 – बुरे वाक्यों को उलटना (21–30)

21. मेरे भाग्य पर मृत्यु की हर बुरी सज़ा रद्द हो।
    भजन संहिता 118:17 — "मैं न मरूँगा, परन्तु जीवित रहूँगा, और यहोवा के कामों का वर्णन करूँगा।"
22. हे प्रभु, हर श्राप को आशीष में बदल दे।
    व्यवस्थाविवरण 23:5 — "तौभी तेरे परमेश्वर यहोवा ने बिलाम की न सुनी; परन्तु तेरे परमेश्वर यहोवा ने तेरे लिये उसके श्राप को आशीष में बदल दिया।"
23. मैं अपनी भविष्यवाणी को सामर्थ्य के साथ प्रकट करने की आज्ञा देता हूँ।
    1 तीमुथियुस 1:18 — "यह आज्ञा मैं तुझे सौंपता हूँ... कि तू इनके द्वारा युद्ध एक अच्छा युद्ध है।"
24. मेरे नाम से लिखी हर बुराई आग पकड़ लेगी।
    भजन संहिता 69:28 — "वे जीवितों की पुस्तक में से मिटा दिए जाएँ, और धर्मियों के साथ न लिखे जाएँ।"
25. हे प्रभु, मेरे जीवन को अपनी कृपा और दया के न्याय के अनुरूप बना। भजन संहिता 102:13 — "तू उठकर सिय्योन पर दया कर, क्योंकि उस पर

अनुग्रह करने का समय , अर्थात् नियत समय आ पहुँचा है।"

26. मेरे जीवन के विरुद्ध लिखने वाली हर दुष्ट कलम तोड़ दी जाए।
    यशायाह 10:27 — "और अभिषेक के कारण जूआ तोड़ दिया जाएगा।"
27. मैं अपनी सफलता का विरोध करने वाले हर शैतानी नियम को गिरा देता हूँ।
    2 कुरिन्थियों 10:4–5 — "क्योंकि हमारी लड़ाई के हथियार शारीरिक नहीं, पर गढ़ों को ढा देने के लिये परमेश्वर के द्वारा सामर्थी हैं, और कल्पनाओं को ढा देने के लिये हैं।"
28. हे प्रभु, हर एक अत्याचारी के विरुद्ध मेरा न्याय चुका।
    भजन संहिता 146:7 — "जो उत्पीड़ितों का न्याय चुकाता है , जो भूखे को भोजन देता है। यहोवा बन्दियों को छुड़ाता है ।"
29. मेरे आशीर्वाद में देरी करने वाली हर बुरी आज्ञा अब हटा दी जाए।
    अय्यूब 22:28 — "तू जो बात ठान ले, वह पूरी हो जाएगी।"
30. हे प्रभु, मेरे करियर और सेवकाई में हर अधर्मी फ़ैसले को रद्द कर दीजिए।
    नीतिवचन 21:1 — "राजा का मन यहोवा के हाथ में रहता है... वह उसे जिधर चाहता है उधर फेर देता है ।"

खंड 4 – दैवीय उलटफेर और निपटान (31–40)

31. मैं बुरे फ़ैसले लागू करनेवाले बलवान को बाँधता हूँ। मत्ती 12:29 — "जब तक कोई बलवान को न बाँध ले , तब तक कोई उसके घर में घुसकर उसका माल कैसे लूट सकता है ?"
32. हे प्रभु, मसीह में मेरी दिव्य विरासत को लागू कर। इफिसियों 1:11 — "जिस में हम भी उसी की मनसा से जो सब कुछ करता है, पहिले से ठहराए जाकर मीरास पाए हैं।"
33. मेरी आत्मा में गिरफ्तारी के हर शैतानी वारंट को टुकड़े-टुकड़े कर दिया जाए।
    नहूम 1:13 — "क्योंकि अब मैं उसका जूआ तेरी गर्दन पर से तोड़ डालूँगा, और तेरे बन्धनों को टुकड़े-टुकड़े कर दूँगा।"
34. मैं हर शैतानी जेल से अपना सितारा वापस लाता हूँ। यशायाह 42:7 — "अंधों की आँखें खोलने के लिए, कैदियों को जेल से निकालने के लिए और जो अंधेरे में बैठे हैं उन्हें जेल से निकालने के लिए।"
35. हे प्रभु, मुझे अपनी पूरी हुई भविष्यवाणी में प्रवेश करने के लिए दिव्य गति प्रदान करें।
    हबक्कूक 2:3 — "क्योंकि यह दर्शन नियत समय में पूरा होने वाला है... चाहे इसमें विलम्ब भी हो, तौभी इसकी बाट जोहते रहो; क्योंकि यह अवश्य पूरा होगा, इसमें देर न होगी।"

36. मैं घोषणा करता/करती हूँ कि मेरा मामला मेरे पक्ष में तय हो गया है।
भजन संहिता 126:3 — “यहोवा ने हमारे लिये बड़े बड़े काम किए हैं; जिन से हम आनन्दित हैं।”
37. मेरी विजय के विरुद्ध हर बुरी अपील अब विफल हो जाए।
अय्यूब 5:12 — "वह धूर्तों की युक्तियों को निष्फल कर देता है , और उनके हाथ अपने काम पूरे नहीं कर पाते।"
38. हे प्रभु, मेरे शत्रुओं को मेरे विरुद्ध जो दुष्टता की योजना बना रहे हैं, उसे भुगतने दो।
भजन संहिता 7:15–16 — "उसने गड्ढा खोदा और उसे खोदा , और उसी खाई में जो उसने खोदी थी, गिर पड़ा। उसका उपद्रव उसी के सिर पर पड़ेगा।"
39. मैं अब अपने पक्ष में ईश्वरीय परिवर्तन का आदेश देता हूँ।
एस्तेर 9:1 — "जिस दिन... बात उलट गई, और यहूदी अपने बैरियों पर प्रभुता करने लगे।"
40. हे प्रभु, मेरी कहानी को महिमा में पुनः लिखने के लिए धन्यवाद।
भजन संहिता 126:3 — "यहोवा ने हमारे लिये बड़े बड़े काम किए हैं; जिन से हम आनन्दित हैं।"

दैनिक विजय घोषणा

यीशु मसीह के शक्तिशाली नाम में, मैं घोषणा करता/करती हूँ: मेरे विरुद्ध हर बुरा फैसला पलट दिया गया है। मेरी भविष्यवाणी पूरी हुई है। मेरा सितारा फिर से चमक रहा है और पहले से ज़्यादा चमक रहा है। हर श्राप, हर तीर और हर न्याय सात गुना होकर भेजने वाले को वापस कर दिया गया है । मेरा भाग्य ईश्वर की कृपा से तय है और मेरी जीत स्थायी है। आमीन।

मध्यरात्रि की भविष्यवाणीपूर्ण कार्रवाई

1. *कुलुस्सियों 2:14 को* सात बार पढ़ें ।
2. भविष्यवाणी करते हुए कागज़ का एक पन्ना फाड़ें और घोषणा करें: *"मेरे विरुद्ध हर बुरा फैसला फाड़ दिया गया है और नष्ट कर दिया गया है!"*
3. *भजन 35:1 को* तीन बार और *यशायाह 54:17 को* एक बार प्रार्थना करें ।
4. स्वर्ग और पृथ्वी पर आपके मामले को निपटाने के लिए ईश्वर का धन्यवाद।

पारलौकिक (सूक्ष्म) तल से पुनर्प्राप्ति की प्रार्थना - बोनस

खंड 1: खोलना, पश्चाताप, और शीघ्र पुनर्प्राप्ति

1. पिता, मैं आपका धन्यवाद करता हूँ क्योंकि आप स्वर्ग में, पृथ्वी पर और सभी अदृश्य लोकों पर शासन करते हैं। मैं अपनी आत्मा, प्राण और शरीर को यीशु मसीह के प्रभुत्व के अधीन करता हूँ, जो सभी प्रधानताओं और शक्तियों से ऊपर हैं। *इफिसियों 1:20–21 — "हर प्रकार की प्रधानता, और अधिकार, और सामर्थ, और प्रभुता, और हर एक नाम के ऊपर जो लिया जाता है।"*
2. यीशु के लहू, मुझे हर उस पाप और लेन-देन से शुद्ध कर, जिसने शत्रु को मेरे दिव्यलोक के तारे तक पहुँचने का अवसर दिया। *1 यूहन्ना 1:7 — "उसके पुत्र यीशु का लहू हमें सब पापों से शुद्ध करता है ।"*
3. प्रभु, मैं हर उस वाचा के लिए पश्चाताप करता हूँ जो जानबूझकर या अनजाने में की गई थी और जिसने बुरी वेदियों को मेरे सद्गुणों पर कब्ज़ा करने दिया। *दानिय्येल 9:4–5 — "हमने पाप किया है और बुरे काम किए हैं... हमने तेरी आज्ञाओं को ठुकरा दिया है।"*
4. अपनी दया से, स्वर्ग के न्यायालयों में मेरे विरुद्ध लगाए गए हर आरोप को चुप करा दो। *जकर्याह 3:1–2 — "यहोवा ने*

शैतान से कहा, 'यहोवा तुझे डाँटे! क्या यह मनुष्य आग से निकाली हुई जलती हुई लकड़ी नहीं है?'"

5. दिव्य जगत में मेरे भाग्य को नियंत्रित करने वाली शक्तियाँ—इसे अग्नि द्वारा मुक्त करो, यीशु के नाम पर! *यशायाह 49:25 — "यहाँ तक कि बलवानों के बन्धु भी छुड़ा लिए जाएँगे... क्योंकि जो तुझ से झगड़ता है, मैं उसी से झगड़ूँगा।"*
6. मेरे तारे के साथ प्राकृतिक क्षेत्र से परे किए गए हर बुरे लेन-देन को अब यीशु के लहू से उलट दिया जाए। *कुलुस्सियों 2:14–15 — "उसने अभियोगों का अभिलेख रद्द कर दिया... उसने आत्मिक शासकों और अधिकारियों को निहत्था कर दिया।"*
7. हे प्रभु, मेरे तारे को हर उस सूक्ष्म पिंजरे, सूक्ष्म वेदी या सूक्ष्म कारागार से वापस लौटने की आज्ञा दें जहाँ वह छिपा हुआ था। *मत्ती 2:2 — "हमने पूर्व में उसका तारा देखा है और उसकी आराधना करने आए हैं।"*
8. जो कोई मेरे चुराए हुए गुणों से चमक रहा है, मैं उसे यीशु के नाम पर सात गुना वापस देता हूँ। *नीतिवचन 6:31 — "यदि वह मिल जाए, तो उसे सात गुना भर देना होगा; उसे अपने घर की सारी संपत्ति दे देनी होगी।"*
9. मेरा महिमा का मुकुट, जो रात में या आध्यात्मिक आयामों में चुराया गया है, अब अग्नि द्वारा मुझे ढूँढ़ ले। *यशायाह 62:3 — "तू यहोवा के हाथ में एक महिमामय मुकुट, और अपने परमेश्वर के हाथ में राजमुकुट ठहरेगा।"*

10. मेरे भाग्य के विरुद्ध दिव्य क्षेत्रों में कार्यरत प्रत्येक बुरी वेदी, गड़गड़ाहट और आग से बिखर जाए! *1 राजा 18:38–39 — "तब यहोवा की आग गिरी और बलि, लकड़ी, पत्थर और मिट्टी को जला दिया।"*

खंड 2: बुरी वेदियों को तोड़ना और पुनर्स्थापना जारी करना

11. उच्च लोकों में मेरे सितारे के विरुद्ध छोड़े गए तीर, यीशु के नाम पर सात गुना उलटे पड़ते हैं!
    भजन संहिता 7:15–16 — "उसने गड्ढा खोदा और उसी खाई में जो उसने खोदी थी, स्वयं गिर पड़ा। उसकी बुराई उसी के सिर पर लौट आएगी।"
12. मेरे आशीर्वाद को भटकाने के लिए सूक्ष्म विमानों के माध्यम से यात्रा करने वाली बुरी आत्माओं को अग्नि के स्वर्गदूतों द्वारा गिरफ्तार किया जाए!
    इब्रानियों 1:14 — "क्या वे सब सेवा टहल करने वाली आत्माएं नहीं हैं, जो उद्धार पाने वालों के लिये सेवा करने को भेजी जाती हैं?"
13. हर आध्यात्मिक बाज़ार जहाँ रात में मेरे गुण बेचे जाते थे, मैं उन्हें अब यीशु के लहू से छुड़ाता हूँ।
    यशायाह 52:3 — "तुम सेंतमेंत बिक गए थे, और बिना दाम दिए ही छुड़ाए जाओगे।"
14. पिता, मेरे तारे को स्वर्गीय दीपस्तंभ पर स्थापित कर दीजिए, जहां कोई भी शक्ति उसे ढक न सके।

मत्ती 5:15 — "और लोग दीया जलाकर पैमाने के नीचे नहीं परन्तु दीवट पर रखते हैं; तब उस से घर के सभों को प्रकाश मिलता है।"

15. मैं यह आदेश देता हूँ कि मेरा नाम, भाग्य और सितारा मसीह में सुरक्षित हैं, ईश्वर में छिपे हैं, हर क्षेत्र में अछूते हैं।

कुलुस्सियों 3:3 — "क्योंकि तुम तो मर गए, और तुम्हारा जीवन मसीह के साथ परमेश्वर में छिपा हुआ है।"

16. मैं दिव्य प्रभुत्व स्थापित करता हूँ: मेरा सितारा यहाँ पृथ्वी पर और पारलौकिक क्षेत्रों में ईश्वर की महिमा के लिए चमकेगा।

यशायाह 60:1 — "उठ, प्रकाशमान हो; क्योंकि तेरा प्रकाश आ गया है, और यहोवा का तेज तेरे ऊपर उदय हुआ है।"

17. मैं स्वर्ग की सेना को अदृश्य आयामों में भाग्य के प्रत्येक चोर के विरुद्ध युद्ध करने का आदेश देता हूँ।

यहोशू 10:11 — "यहोवा ने *अजेका तक आकाश से बड़े बड़े पत्थर उन पर बरसाए, और वे मर गए।"*

18. हे प्रभु, मेरे सद्गुणों को अपनी अग्नि से सील कर दीजिए ताकि उन्हें चुराया या उनसे कोई अन्य काम न लिया जा सके।

जकर्याह 2:5 — "क्योंकि यहोवा की यह वाणी है, मैं उसके चारों ओर आग की शहरपनाह ठहरूंगा, और उसके बीच में तेजोमय होऊंगा।"

19. हे प्रभु, मुझे मेरे सभी खोए हुए अवसर, आशीर्वाद और आत्मिक क्षेत्र में चुराए गए वर्ष वापस लौटा दीजिए।

योएल 2:25 — "और मैं उन वर्षों की उपज तुम्हें फेर दूंगा जो टिड्डियों ने खा लीं।"

20. मेरी अच्छाई जो आकाशीय तिजोरियों में बंद कर दी गई है, अब यीशु के नाम पर मुक्त हो जाए।

भजन 31:19 — "आहा! तेरी भलाई क्या ही बड़ी है जो तू ने अपने डरवैयों के लिये रख छोड़ी है।"

खंड 3: अच्छाई, अनुग्रह और सद्गुणों की पुनर्स्थापना

21. हे पिता, राजाओं, कुलीनों और भाग्य के सहायकों को मेरे पुनर्स्थापित तारे की चमक की ओर आकर्षित होने दो।
    व्यवस्थाविवरण 33:26–27 — "यशूरून के परमेश्वर के तुल्य कोई नहीं है, जो तेरी सहायता के लिए आकाश पर सवार होकर आता है ... सनातन परमेश्वर तेरा शरणस्थान है।"
22. मेरा जीवन जीवितों की धरती पर प्रभु की भलाई को प्रकाशित करेगा।
    भजन संहिता 27:13 — "यदि मुझे विश्वास न होता कि मैं जीवितों की धरती पर यहोवा की भलाई देखूँगा, तो मैं व्याकुल हो जाता।"
23. पिता, मेरे पुनः प्राप्त सद्गुणों को मूर्त आशीषों में प्रकट होने दो—स्वास्थ्य, परिवार, सेवकाई, वित्त और बुलाहट में।
    व्यवस्थाविवरण 28:11-12 — "और यहोवा तुझे धन-संपत्ति से भरपूर करेगा... यहोवा तेरे लिए अपना उत्तम भण्डार खोल देगा।"
24. दिव्य जगत की शक्तियाँ जो मेरे पतन की योजना बना रही हैं, परमेश्वर की गर्जना से तितर-बितर हो जाएँ।
    यशायाह 41:11 — "देख, जो लोग तुझ से क्रोधित हैं, वे सब लज्जित और विस्मित होंगे।"
25. उच्चतर लोकों में किसी भी राक्षसी अदालत में, जहाँ मेरे सितारे पर आरोप लगाया जाता है, मैं यीशु के लहू के द्वारा हर आरोप लगाने वाले को चुप करा देता हूँ।
    प्रकाशितवाक्य 12:10-11 — "क्योंकि हमारे भाइयों पर

दोष लगानेवाला गिरा दिया गया... और उन्होंने मेम्ने के लहू के कारण उस पर जयवन्त किया।"

26. रात के पहरों में मेरे सद्गुणों का हर बुरा परिवर्तन, यीशु के नाम में तुरंत उलट जाए।
    विलापगीत 3:23 — "वे प्रति भोर नए होते हैं: तेरी सच्चाई महान है।"
27. हे प्रभु, मेरे सिर को उन लोगों से ऊँचा कर जो मेरे विरोधियों से उठते हैं, और मेरे तारे को फिर से चमका दे।
    भजन संहिता 3:3 — "परन्तु हे यहोवा, तू मेरी ढाल है, मेरी महिमा और मेरे मस्तक को ऊँचा करनेवाला है।"
28. मैं आदेश देता हूँ कि मेरा पुनर्स्थापित तारा अब और भटकेगा नहीं, बल्कि अपना दिव्य मार्ग पूरा करेगा।
    भजन संहिता 19:1–2 — "आकाश परमेश्वर की महिमा का वर्णन करता है... दिन दिन को बातें कहता है , और रात रात को ज्ञान सिखाती है ।"
29. दिव्य स्तर पर मेरे आध्यात्मिक गुणों से पोषित प्रत्येक शक्ति, ईश्वर की अग्नि द्वारा भस्म हो जाए। यशायाह 49:25-26 — "क्योंकि जो तुझ से
    झगड़ता है , मैं उसी से झगड़ूँगा , और तेरे बच्चों का उद्धार करूँगा... सब प्राणी जान लेंगे कि मैं यहोवा ही तेरा उद्धारकर्ता हूँ ।"
30. पिता, मेरे भाग्य को मसीह की चट्टान पर स्थापित कर, जहाँ कोई तूफ़ान, शक्ति या परिवर्तन उसे हिला न सके।
    मत्ती 7:24–25 — "जो कोई मेरी ये बातें सुनकर उन्हें

मानता है, मैं उसे उस बुद्धिमान मनुष्य के समान ठहराऊँगा, जिसने अपना घर चट्टान पर बनाया।"

खंड 4: अंतिम युद्ध, पुनर्स्थापना और प्रभुत्व की स्थापना

31. हे प्रभु, मेरे सितारे को दिव्य स्तरों पर लूटने वाली हर शक्ति का पर्दाफ़ाश हो और अग्नि द्वारा उसका न्याय किया जाए।
    नहूम 1:9 — "तुम यहोवा के विरुद्ध क्या कल्पना करते हो? वह तो सब कुछ मिटा देगा; विपत्ति दूसरी बार न पड़ेगी।"
32. हे पिता, अपने योद्धा स्वर्गदूतों को मेरे पुनः प्राप्त हुए सितारे और सद्गुणों की दिन-रात रक्षा करने के लिए भेज।
    भजन संहिता 34:7 — "यहोवा का दूत उसके डरवैयों के चारों ओर छावनी किए हुए उनको बचाता है ।"
33. मेरे सद्गुणों के विरुद्ध कार्य करने वाली किसी भी सूक्ष्म प्रक्षेपण या जादू-टोने वाली आत्मा को गिरफ्तार कर लिया जाए और हमेशा के लिए नष्ट कर दिया जाए।
    यशायाह 54:17 — "तेरे विरुद्ध बनाया गया कोई भी हथियार सफल नहीं होगा।"
34. मेरी अच्छाई जो आध्यात्मिक कारागारों, दिव्य तिजोरियों या दुष्ट पिंजरों में फँसी है—यीशु के नाम पर आग से बाहर आओ।
    मीका 2:13 — "उनके आगे-आगे आग को तोड़नेवाला आया है... और उनका राजा उनके आगे-आगे चलेगा, और यहोवा उनका मुखिया होगा।"
35. हे प्रभु, मेरा नाम, मेरा सितारा और मेरा भाग्य सिय्योन में अंकित कर, जहाँ अंधकार की कोई भी शक्ति उसे बदल न सके।
    इब्रानियों 12:22–23 — "परन्तु तुम सिय्योन पहाड़ पर

आए हो... उन पहिलौठों की साधारण सभा और कलीसिया के पास, जिनके नाम स्वर्ग में लिखे हैं।"

36. मैं यह आदेश देता हूँ कि कोई भी लेन-देन, मनमुटाव, या चालाकी मेरे भाग्य के विरुद्ध फिर कभी सफल नहीं होगी। अय्यूब 5:12 — "वह धूर्तों की युक्तियों को निष्फल कर देता है , और उनके हाथ अपने काम पूरे नहीं कर पाते।"
37. हे पिता, मेरे पैरों को भाग्य के ऊँचे स्थानों पर स्थापित कर और मुझे अपनी आत्मा के पंखों पर सवार कर। हबक्कूक 3:19 — "यहोवा परमेश्वर मेरा बल है, वह मेरे पैरों को हरिणों के समान बना देगा, और मुझे अपने ऊँचे स्थानों पर चलाएगा।"
38. दिव्य जगत की हर गुप्त वेदी जो मेरे उत्थान के विरुद्ध काम करती है, मैं प्रभु की वाणी से तुम्हें नष्ट कर देता हूँ। भजन संहिता 29:4–5 — "यहोवा की वाणी शक्तिशाली है... यहोवा की वाणी लेबनान के देवदारों को तोड़ डालती है ।"
39. हे प्रभु, मेरे पुनः प्राप्त हुए सितारे को अब से दुगुने सम्मान, दुगुनी महिमा और दुगुनी कृपा से चमकने दो। यशायाह 61:7 — "तुम्हारी लज्जा के बदले तुम्हें दूना दण्ड मिलेगा, और लज्जा के बदले वे अपने भाग में आनन्द मनाएँगे।"
40. पिता, मैं अपने सितारे, सद्गुणों और भाग्य को यीशु मसीह के लहू और पवित्र आत्मा की अग्नि से मुहरबंद करता हूँ— उन्हें सदा के लिए अछूता रहने दो।

गलातियों 6:17 — "अब से कोई मुझे सताए नहीं, क्योंकि मैं अपनी देह में प्रभु यीशु के दाग लिए फिरता हूँ।"

समापन प्रार्थना

स्वर्गीय पिता, मैं आपका धन्यवाद करता हूँ क्योंकि आप ही अल्फ़ा और ओमेगा हैं, आरंभ और अंत। आज, यीशु मसीह के नाम की शक्ति से और अनन्त वाचा के लहू के द्वारा, मैं हर उस द्वार को बंद करता हूँ जिससे शत्रु मेरे तारे, गुणों और भाग्य तक पहुँच पाता था। मैं यह घोषणा करता/करती हूँ कि प्रार्थना के माध्यम से मैंने जो भी सुधार प्राप्त किया है, वह पवित्र आत्मा की अग्नि और यीशु मसीह के लहू द्वारा स्थायी और मुहरबंद रहेगा। मेरा जीवन, मेरा परिवार, मेरा स्वास्थ्य, मेरा वित्त, मेरी सेवकाई और मेरा बुलावा अब मसीह में सुरक्षित हैं।

जीवित परमेश्वर के दूत दिन-रात मुझे घेरे रहें। मेरा सितारा इस दुनिया में और परलोक में भी चमकता रहे, और आपके नाम की महिमा करता रहे। कोई भी शक्ति, कोई भी वेदी, कोई भी जादू, और कोई भी दिव्य शक्ति आपके द्वारा पुनर्स्थापित चीज़ों को प्रभावित नहीं कर पाएगी।

हे पिता, पूर्ण स्वास्थ्य लाभ, दिव्य सुरक्षा और मुझे प्रभुत्व में स्थापित करने के लिए धन्यवाद। यीशु के शक्तिशाली नाम में, मैं सारी महिमा आपको लौटाता हूँ। आमीन।

अंतिम घोषणा

मैं साहसपूर्वक घोषणा करता हूं:

- मेरा सितारा पुनः चमक रहा है और बिना किसी बाधा के चमक रहा है।
- मेरे गुण, आशीर्वाद और अवसर सात गुना बढ़ गए हैं।
- मेरा भाग्य मसीह यीशु में सुरक्षित है, सभी क्षेत्रों में अछूता है।
- हर बुरे आदान-प्रदान को स्थायी रूप से उलट दिया गया है।
- मैं ईश्वरीय अनुग्रह, प्रचुरता और विजय में चलता हूँ।
- मेरा जीवन जीवितों की धरती पर प्रभु की भलाई को प्रकट करेगा।

आज से, मेरी कहानी बदल जाएगी। मेरा उत्थान रोका नहीं जा सकता। मेरी नियति बदली नहीं जा सकती। मेरी महिमा छिपाई नहीं जा सकती। मैं मसीह में स्थापित हूँ, और मैं अपना दिव्य उद्देश्य पूरा करूँगा — यीशु के नाम में, आमीन।

निष्कर्ष और अंतिम परामर्श

आपके द्वारा अभी-अभी पूरे किए गए 7 दिन साधारण नहीं हैं - ये **भाग्य बदलने वाले, जीवन बदलने वाले, स्वर्ग-समर्थित युद्ध हैं** । आपने बुरे बीजों को उखाड़ फेंका है, ज़ंजीरों को तोड़ा है, चुराए गए गौरव को पुनः प्राप्त किया है, और बुरे तीरों को सात गुना वापस लौटाया है।

जवाबी हमलों के बारे में

अंधकार का साम्राज्य बिना लड़े हार नहीं मानता। ऐसी उच्च-स्तरीय जीत के बाद, दुश्मन अक्सर ये कोशिश करता है:

- भय, संदेह या भ्रम को पुनः उत्पन्न करना।
- स्वप्नों के माध्यम से सूक्ष्म आक्रमण भेजें।
- आपका ध्यान भटकाने के लिए झगड़े या ध्यान भटकाने वाली चीजें पैदा करें।

आपका जवाब:

1. **भय को तुरन्त त्याग दें** - *क्योंकि परमेश्वर ने हमें भय की आत्मा नहीं दी है* (2 तीमुथियुस 1:7)।
2. **अपने आप को और अपने परिवार को प्रतिदिन यीशु के लहू से ढकें** ।

3. **दरवाज़े न खोलें** - पाप, कड़वाहट और लापरवाह शब्दों से बचें।
4. **किसी भी नए तीर को तुरंत वापस कर दें** - बोलें: *"भेजने वाले को सात गुना वापस, यीशु के नाम में!"*

उपवास के दौरान/बाद में रहस्योद्घाटन और सपने

इन 7 दिनों के दौरान - और उसके बाद के सप्ताहों में भी - पवित्र आत्मा से आपको **भविष्यसूचक रहस्योद्घाटन, दर्शन और स्वप्न मिलने की अपेक्षा करें** ।

- **असफलता, हानि या आक्रमण** दर्शाते हैं - ये आपको हतोत्साहित करने के लिए नहीं हैं, बल्कि यह बताने के लिए हैं कि दुश्मन **किस लक्ष्य पर निशाना साध रहा है।**
- **विजय, सफलता और खुले दरवाजे** दिखाएंगे - ये इस बात की पुष्टि हैं कि आपकी प्रार्थनाएं काम कर रही हैं।
- जब आप असफलता के सपने देखते हैं, तो **अपनी घोषणाओं और युद्ध को उन क्षेत्रों पर तब तक केंद्रित रखें** जब तक कि आप आध्यात्मिक और शारीरिक रूप से पूर्ण परिवर्तन न देख लें।
- हर सपने को लिखो और उसके लिए प्रार्थना करो। कोई भी सपना छोटा नहीं है।

आगे क्या करना है

- **प्रतिदिन कम से कम 10 मिनट** अपने जीवन में धर्मग्रंथों के महत्व को बताने में बिताएँ ।
- प्रतिदिन अन्य भाषाओं में प्रार्थना करते रहें, चाहे थोड़े समय के लिए ही सही।
- परमेश्वर के वचन के प्रति आज्ञाकारिता के बीज बोते रहें - आज्ञाकारिता में जो बोया गया है उसे शत्रु चुरा नहीं सकता।
- **अपने मुंह पर नियंत्रण रखें** - असफलता, भय या हार की बात न करें।

आपके जीवन पर बोलने के लिए दैनिक स्वीकारोक्ति

अगले 40 दिनों तक हर सुबह ये बातें ज़ोर से कहें:

1. *मेरा सितारा अधिकाधिक चमकता जा रहा है (नीतिवचन 4:18) ।*
2. *मेरी महिमा अछूती है, जो यीशु के लहू से सुरक्षित है (भजन संहिता 105:15) ।*
3. *मैं ईश्वरीय सुरक्षा में चलता हूँ - मेरे विरुद्ध बनाया गया कोई भी हथियार सफल नहीं होगा (यशायाह 54:17) ।*

4. *मैं हर क्षेत्र में सात गुना बहाल किया गया हूँ (नीतिवचन 6:31)।*
5. *यहोवा मेरे लिये लड़ा है, और मैं सदा के लिये जयवन्त हूं (निर्गमन 14:14)।*

समापन और मुहरबंद प्रार्थना

स्वर्गीय पिता, यीशु मसीह के नाम पर, मैं इन सात दिनों के युद्ध की विजयों के लिए आपको धन्यवाद देता हूँ। यीशु के लहू से, मैं अपनी हर प्रार्थना, हर घोषणा और हर भविष्यवाणी पर मुहर लगाता हूँ। मैं घोषणा करता हूँ कि मेरी महिमा, मेरा सितारा, मेरा भाग्य और मेरी भविष्यवाणी अब पूरी तरह से पुनः प्राप्त, पूरी तरह से पुनर्स्थापित और पूरी तरह से स्थापित हो चुकी हैं। मैं अंधकार के राज्य से किसी भी प्रतिकार का निषेध करता हूँ। मेरी विजयों के विरुद्ध हर राक्षसी सभा को तितर-बितर होने दो। मैं अपनी आत्मा, प्राण और शरीर को यीशु के लहू से ढँकता हूँ, और मैं घोषणा करता हूँ कि मेरी गवाही स्थायी रहेगी। यह हो चुका है, यह मुहरबंद है, यह अपरिवर्तनीय है — यीशु के शक्तिशाली नाम में। आमीन।

दोबारा जन्म कैसे लें और मसीह के साथ एक नया जीवन कैसे शुरू करें

हो सकता है कि आप पहले भी यीशु के साथ चल चुके हों, या हो सकता है कि आप उनसे इन 40 दिनों में ही मिले हों। लेकिन अभी, आपके अंदर कुछ हलचल हो रही है।

आप धर्म से कहीं ज़्यादा के लिए तैयार हैं।
आप **रिश्तों के लिए तैयार हैं** ।
आप यह कहने के लिए तैयार हैं, "हे यीशु, मुझे आपकी ज़रूरत है।"

सच्चाई यह है:

"क्योंकि सब ने पाप किया है; हम सब परमेश्वर की महिमा की माप से रहित हैं... तौभी परमेश्वर अपने अनुग्रह से हमें अपनी दृष्टि में सेंतमेंत धर्मी ठहराता है।"
- रोमियों 3:23–24

आप मुक्ति नहीं कमा सकते।
आप खुद को ठीक नहीं कर सकते। लेकिन यीशु ने पहले ही पूरी कीमत चुका दी है - और वह आपका घर में स्वागत करने के लिए इंतज़ार कर रहा है।

दोबारा जन्म कैसे लें

नये सिरे से जन्म लेने का अर्थ है अपने जीवन को यीशु के हाथों में सौंपना - उसकी क्षमा को स्वीकार करना, यह विश्वास करना कि वह मरा और फिर जी उठा, और उसे अपने प्रभु और उद्धारकर्ता के रूप में स्वीकार करना।

यह सरल है। यह शक्तिशाली है। यह सब कुछ बदल देता है।

ज़ोर से प्रार्थना करें:

"प्रभु यीशु, मैं विश्वास करता हूँ कि आप परमेश्वर के पुत्र हैं। मेरा मानना है कि आप मेरे पापों के लिए मरे और फिर से जी उठे। मैं स्वीकार करता हूँ कि मैंने पाप किया है और मुझे आपकी क्षमा की आवश्यकता है। आज, मैं पश्चाताप करता हूँ और अपने पुराने मार्गों से फिरता हूँ। मैं आपको अपने जीवन में अपने प्रभु और उद्धारकर्ता के रूप में आमंत्रित करता हूँ। मुझे धोकर शुद्ध करें। मुझे अपनी आत्मा से भर दें। मैं घोषणा करता हूँ कि मैं नया जन्म, क्षमा और स्वतंत्र हूँ। आज से, मैं आपका अनुसरण करूँगा—और आपके पदचिन्हों पर चलूँगा। मुझे बचाने के लिए धन्यवाद। यीशु के नाम में, आमीन।"

उद्धार के बाद अगले कदम

1. **किसी को बताएं** - अपने निर्णय को उस विश्वासी के साथ साझा करें जिस पर आप भरोसा करते हैं।
2. **बाइबल-आधारित चर्च खोजें - ऐसे समुदाय से जुड़ें जो परमेश्वर के वचन की शिक्षा देता है और उसे जीवन में उतारता है।** https://www.otakada.org या https://chat.whatsapp.com/H67spSun32DDTma8TLh0ov के ज़रिए ऑनलाइन गॉड्स ईगल मिनिस्ट्रीज़ पर जाएँ।
3. **बपतिस्मा लें** - अपने विश्वास की घोषणा करने के लिए सार्वजनिक रूप से अगला कदम उठाएँ।
4. **प्रतिदिन बाइबल पढ़ें** - यूहन्ना के सुसमाचार से शुरू करें।
5. **प्रतिदिन प्रार्थना करें** – परमेश्वर से मित्र और पिता के रूप में बात करें।
6. **जुड़े रहें** - अपने आसपास ऐसे लोगों को रखें जो आपकी नई राह को प्रोत्साहित करते हैं।
7. **समुदाय के भीतर शिष्यत्व प्रक्रिया शुरू करें** - इन लिंक के माध्यम से यीशु मसीह के साथ व्यक्तिगत संबंध विकसित करें

40-दिवसीय शिष्यत्व 1 - https://www.otakada.org/get-free-40-days-online-discipleship-course-in-a-journey-with-jesus/

40 शिष्यत्व 2 - https://www.otakada.org/get-free-40-days-dna-of-discipleship-journey-with-jesus-series-2/

मेरी मुक्ति का क्षण

तारीख : ______________________

हस्ताक्षर : ____________________

*"यदि कोई मसीह में है तो वह नई सृष्टि है; पुरानी बातें बीत गई हैं;
देखो, सब नई हो गई हैं!"*
—2 कुरिन्थियों 5:17

मसीह में नए जीवन का प्रमाण पत्र

उद्धार की घोषणा – अनुग्रह द्वारा पुनर्जन्म

यह प्रमाणित करता है कि

____

(पूरा नाम)

यीशु मसीह को प्रभु और उद्धारकर्ता के रूप में
सार्वजनिक रूप से विश्वास घोषित किया है और उसकी मृत्यु और पुनरुत्थान के माध्यम से मुक्ति का मुफ्त उपहार प्राप्त किया है।

"यदि तुम खुलकर घोषणा करो कि यीशु प्रभु है और अपने मन में विश्वास करो कि परमेश्वर ने उसे मरे हुओं में से जिलाया, तो तुम निश्चय उद्धार पाओगे।"
— रोमियों 10:9 (NLT)

इस दिन स्वर्ग आनन्दित होता है और एक नई यात्रा शुरू होती है।

निर्णय की तिथि : ____________________________

हस्ताक्षर : ____________________________________

मुक्ति घोषणा

"आज, मैं अपना जीवन यीशु मसीह को समर्पित करता हूँ। मेरा मानना है कि उन्होंने मेरे पापों के लिए प्राण त्यागे और फिर से जी उठे। मैं उन्हें अपना प्रभु और उद्धारकर्ता स्वीकार करता हूँ। मुझे क्षमा कर दिया गया है, मेरा पुनर्जन्म हुआ है और मैं नया बना हूँ। अब से, मैं उनके पदचिन्हों पर चलूँगा।"

वेलकम टू द फैमिली ऑफ गॉड!

आपका नाम मेमने की जीवन की पुस्तक में लिखा है।
आपकी कहानी अभी शुरू हुई है—और यह अनंत है।

गॉड्स ईगल मिनिस्ट्रीज़ से जुड़ें

- वेबसाइट: www.otakada.org
- चिंता से परे धन श्रृंखला: www.wealthbeyondworryseries.com
- ईमेल: ambassador@otakada.org

- **इस कार्य का समर्थन करें:**

वाचा-आधारित दान के माध्यम से राज्य परियोजनाओं, मिशनों और निःशुल्क वैश्विक संसाधनों का समर्थन करें।

दान देने के लिए QR कोड स्कैन करें
https://tithe.ly/give?c=308311

आपकी उदारता हमें ज़्यादा लोगों तक पहुँचने, संसाधनों का अनुवाद करने, मिशनरियों का समर्थन करने और विश्व स्तर पर शिष्यत्व प्रणालियाँ बनाने में मदद करती है। धन्यवाद!

Give in the Spirit of Luke 6:38

3. हमारे व्हाट्सएप वाचा समुदाय में शामिल हों

अपडेट, भक्ति सामग्री प्राप्त करें, और दुनिया भर में वाचा-दिमाग वाले विश्वासियों से जुड़ें।

जुड़ने के लिए स्कैन करें

https://chat.whatsapp.com/H67spSun32DDTma8TLh0ov

लेखकों के बारे में

ज़करियास गॉडसीगल

ज़करियास गॉडसीगल , एक भविष्यवक्ता और शिक्षक हैं जो विश्वासियों के हृदय में परमेश्वर के वचन को जीवंत करने के लिए समर्पित हैं। आध्यात्मिक युद्ध, प्रार्थना और मुक्ति के बारे में अपनी गहरी अंतर्दृष्टि के लिए जाने जाने वाले, उन्होंने कई भक्ति-पुस्तकें और भविष्यसूचक मार्गदर्शिकाएँ लिखी हैं जो व्यक्तियों, परिवारों और राष्ट्रों में परिवर्तन की प्रेरणा देती हैं। उनके लेखन दैनिक विजय और राज्य की उन्नति के लिए पवित्रशास्त्र के व्यावहारिक अनुप्रयोग पर ज़ोर देते हैं।

कम्फर्ट लेडी ओग्बे

कम्फर्ट लेडी ओगबे प्रार्थना, मध्यस्थता और व्यावहारिक सेवा में तत्पर हैं। उन्होंने अपना जीवन आत्माओं के पोषण, मध्यस्थों को तैयार करने और महिलाओं व परिवारों को संपूर्णता से जीने के लिए तैयार करने के लिए समर्पित कर दिया है—आत्मा, प्राण और शरीर। उनकी शिक्षा और पादरी-देखभाल करुणामय हृदय को दर्शाती है, जो लोगों को मसीह के उपचारात्मक आलिंगन में खींचती है और उन्हें अपने ईश्वर-प्रदत्त भाग्य को जानने के लिए सशक्त बनाती है।

राजदूत मंडे ओ. ओगबे

राजदूत मंडे ओ. ओगबे एक **राष्ट्रीय परिवर्तन रणनीतिकार** , मंत्री और सलाहकार हैं जो आस्था, शासन और सुरक्षा रणनीति के बीच सेतु का काम करते हैं। वे **गॉड्स ईगल मिनिस्ट्रीज़ (GEM) के संस्थापक हैं** और राज्य के सिद्धांतों का उपयोग करते हुए नेतृत्व, सुरक्षा और परिवर्तन के लिए राष्ट्रीय ब्लूप्रिंट विकसित करने में महत्वपूर्ण भूमिका निभाते रहे हैं । उनके लेखन और शिक्षाएँ विश्वासियों को सुधारक के रूप में उभरने, अंतर्दृष्टि, तकनीक और सहयोग के माध्यम से राष्ट्रों का पुनर्निर्माण करने, और प्रार्थना और आध्यात्मिक युद्ध में गहराई से जुड़े रहने का आह्वान करती हैं।

प्रकाशकों

जकारिया गॉडसीगल और **गॉड्स ईगल मिनिस्ट्रीज (जीईएम)** के संयुक्त प्रकाशन के तहत प्रकाशित की गई है , जो राष्ट्रों में शिष्यत्व, उद्धार और परिवर्तन के लिए मसीह के शरीर को उपकरणों से सुसज्जित करने के लिए समर्पित मंत्रालय है।

अनुशंसित पुस्तकें और संसाधन

अंधकार से प्रभुत्व की ओर: अंधकार की गुप्त पकड़ से मुक्त होने के लिए 40 दिन

–

जागरूकता, मुक्ति और शक्ति की एक वैश्विक भक्ति
स्वतंत्र होने के लिए तैयार व्यक्तियों, परिवारों और राष्ट्रों के लिए

द्वारा

ज़कारियास गॉडसीगल ; राजदूत मंडे ओ. ओगबे और कम्फर्ट लाडी ओग्बे

किताबचा

https://shop.ingramspark.com/b/084?params=aVgp21QfwJxNANkfMxIQ0vejuFCVY12KFr978SRkZUD

अमेज़न लिंक - https://www.amazon.com/DARKNESS-DOMINION-Devotional-Awareness-Deliverance-ebook/dp/B0FLDH2Y67

- ***अंधकार की शक्ति से मुक्ति*** **(पेपरबैक)** - यहाँ से खरीदें | अमेज़न पर ई-बुक

- **संयुक्त राज्य अमेरिका से शीर्ष समीक्षाएं:**
    - **किंडल ग्राहक** : "अब तक का सबसे अच्छा ईसाई पाठ!" (5 सितारे)

इस गवाही के लिए यीशु की स्तुति करो। मुझे बहुत आशीष मिली है और मैं सभी को यह किताब पढ़ने की सलाह दूँगा... क्योंकि पाप की मज़दूरी तो मृत्यु है, परन्तु परमेश्वर का वरदान अनन्त जीवन है। शालोम! शालोम!

- **दा गस्टर** : "यह एक बहुत ही रोचक और अजीब किताब है।" (5 सितारे)

यदि पुस्तक में कही गई बातें सच हैं तो हम वास्तव में दुश्मन की क्षमता से बहुत पीछे हैं! ... आध्यात्मिक युद्ध के बारे में जानने के इच्छुक किसी भी व्यक्ति के लिए यह पुस्तक आवश्यक है।

- **वीज़ा** : "मुझे यह किताब बहुत पसंद है" (5 सितारे)

यह आँखें खोलने वाला है... एक सच्चा इक़बालिया बयान... पिछले कुछ समय से मैं इसे खरीदने के लिए हर जगह ढूँढ रहा था। अमेज़न से इसे पाकर बहुत खुश हूँ।

- **फ्रैंकजेएम** : "काफी अलग" (4 सितारे)

यह किताब मुझे याद दिलाती है कि आध्यात्मिक युद्ध कितना वास्तविक है। यह मुझे "परमेश्वर के सम्पूर्ण कवच" धारण करने का कारण भी याद दिलाती है।

- **जेनजेन** : "जो कोई भी स्वर्ग जाना चाहता है - इसे पढ़ें!" (5 सितारे)

इस किताब ने मेरी ज़िंदगी बहुत बदल दी। जॉन रामिरेज़ की गवाही के साथ, यह आपको अपने विश्वास को एक अलग नज़रिए से देखने पर मजबूर कर देगी। मैंने इसे 6 बार पढ़ा है!

- *एक्स-सैटेनिस्ट: द जेम्स एक्सचेंज* (पेपरबैक) — यहाँ से खरीदें | अमेज़न पर ई-बुक

- ***एक अफ़्रीकी पूर्व शैतानवादी की गवाही*** - *पादरी जोनास लुकुंट्रू म्पला* (पेपरबैक) — यहाँ से खरीदें| अमेज़न पर ई-बुक

- *ग्रेटर एक्सप्लॉइट्स 14* (पेपरबैक) — यहाँ से खरीदें|
  अमेज़न पर ई-बुक

- जॉन रामिरेज़ द्वारा लिखित *आउट ऑफ़ द डेविल्स कौल्ड्रॉन* — अमेज़न पर उपलब्ध
- रेबेका ब्राउन द्वारा लिखित ' *वह बंदियों को आज़ाद कराने आया था'* - अमेज़न पर खोजें

लेखक द्वारा प्रकाशित अन्य पुस्तकें – 1000 से अधिक शीर्षक

प्रेम, चयन और संपूर्ण : अस्वीकृति से पुनर्स्थापना तक की 30-दिवसीय यात्रा का विश्व की 40 भाषाओं में अनुवाद

https://www.amazon.com/Loved-Chosen-Whole-Rejection-Restoration-ebook/dp/B0F9VSD8WL

https://shop.ingramspark.com/b/084?params=xga0WR16muFUwCoeMUBHQ6HwYjddLGpugQHb3DVa5hE

उनके कदमों में - एक 40-दिवसीय WWJD चुनौती:

दुनिया भर में वास्तविक जीवन की कहानियों में यीशु की तरह जीना

https://www.amazon.com/His-Steps-Challenge-Real-Life-Stories-ebook/dp/B0FCYTL5MG

https://shop.ingramspark.com/b/084?params=DuNTWS59IbkvSKtGFbCbEFdv3Zg0FaITUEvlK49yLzB

यीशु द्वार पर:

40 हृदय विदारक कहानियाँ और आज के चर्चों के लिए स्वर्ग की अंतिम चेतावनी

https://www.amazon.com/dp/B0FDX31L9F

https://shop.ingramspark.com/b/084?params=TpdA5j8WPvw83glJ12N1B3nf8LQte2a1lIEy32bHcGg

JESUS AT THE DOOR
40 HEARTBREAKING STORIES AND HEAVEN'S FINAL WARNING TO TODAY'S CHURCHES
ZACHARIAS GODSEAGLE, COMFORT LADI OGBE, AMBASSADOR MONDAY O. OGBE

वाचा का जीवन: व्यवस्थाविवरण 28 की आशीष में 40 दिन चलना

- **https://www.amazon.com/dp/B0FFJCLDB5**

वास्तविक लोगों की कहानियाँ, वास्तविक आज्ञाकारिता, और वास्तविक

https://shop.ingramspark.com/b/084?params=bH3pzfz1zdCOLpbs7tZYJNYgGcYfU32VMz3J3a4e2Qt

20 से अधिक भाषाओं में परिवर्तन

उसे जानना और उसे जानना:

उपचार, समझ और स्थायी प्रेम के लिए 40 दिन

https://www.amazon.com/KNOWING-HER-HIM-Healing-Understanding-ebook/dp/B0FGC4V3D9

https://shop.ingramspark.com/b/084?params=vC6KCLoI7Nnum24BVmBtSme9i6k59p3oynaZOY4B9Rd

पूर्ण करें, प्रतिस्पर्धा नहीं:

उद्देश्य, एकता और सहयोग की 40-दिवसीय यात्रा

https://shop.ingramspark.com/b/084?params=5E4v1tHgeTqOOuEtfTYUzZDzLyXLee30cqYo0Ov9941

https://www.amazon.com/COMPLETE-NOT-COMPETE-Journey-Collaboration-ebook/dp/B0FGGL1XSQ/

दिव्य स्वास्थ्य कोड - परमेश्वर के वचन और सृष्टि के माध्यम से उपचार को सक्रिय करने की 40 दैनिक कुंजियाँ, पौधों, प्रार्थना और भविष्यसूचक कार्यों की उपचार शक्ति को अनलॉक करें

https://shop.ingramspark.com/b/084?params=xkZMrYcEHnrJDhe1wuHHYixZDViiArCeJ6PbNMTbTux

https://www.amazon.com/dp/B0FHJT42TK

https://www.amazon.com/stores/Ambassador-Monday-O.-Ogbe/author/B07MSBPFNX पर देखी जा सकती हैं

www.ingramcontent.com/pod-product-compliance
Lightning Source LLC
LaVergne TN
LVHW010936051026
849532LV00003B/1007
9798869071682